WELDER LANCIERI MARCHINI

Paróquias Urbanas

Entender para participar

EDITORA
SANTUÁRIO

DIREÇÃO EDITORIAL:
Pe. Fábio Evaristo R. Silva, C.Ss.R.

COORDENAÇÃO EDITORIAL:
Ana Lúcia de Castro Leite

EDITOR:
Márcio Fabri dos Anjos

REVISÃO:
Denis Faria

CONSELHO EDITORIAL:
Pe. Ferdinando Mancilio, C.Ss.R.
Pe. Marlos Aurélio, C.Ss.R.
Pe. Mauro Vilela, C.Ss.R.
Pe. Victor Hugo Lapenta, C.Ss.R.

DIAGRAMAÇÃO E CAPA:
Junior dos Santos

**Dados Internacionais de Catalogação na Publicação (CIP)
(Câmara Brasileira do Livro, SP, Brasil)**

Marchini, Welder Lancieri
  Paróquias urbanas: entender para participar / Welder Lancieri Marchini. – Aparecida, SP: Editora Santuário, 2017.

  Bibliografia
  ISBN 978-85-369-0502-0

  1. Comunidades – Aspectos religiosos 2. Comunidades cristãs – Igreja Católica 3. Pastoral (Teologia) – Igreja Católica 4. Paróquias – Administração 5. Teologia pastoral 6. Vida cristã I. Título.

17-05376   CDD-253

Índices para catálogo sistemático:
1. Missão pastoral: Paróquia: Cristianismo 253

1ª impressão

Todos os direitos reservados à **EDITORA SANTUÁRIO** — 2017

Rua Padre Claro Monteiro, 342 — 12570-000 — Aparecida-SP
Tel.: 12 3104-2000 — Televendas: 0800 16 00 04
www.editorasantuario.com.br
vendas@editorasantuario.com.br

Dedicatória

A parte que não será nos desperta a ausência.
Mas a parte que foi nos reverencia a memória.

Ao professor Afonso Maria Ligorio Soares (*in memoriam*)
que em muito contribuiu para a realização deste trabalho
e para a minha formação como pessoa.

Agradecimentos

João Décio Passos,
Ênio José da Costa Brito,
Márcio Fabri dos Anjos.

Sumário

Prefácio 7
Introdução 13

1. Paróquia, lugar de encontros 17
O encontro de Deus com seu povo 18
O encontro entre as pessoas 21
    A família 21
    A comunidade 25
Em Jesus o encontro com muitos irmãos e irmãs 28
Encontro na partilha da fé cristã 30

2. Paróquia, a serviço da comunidade cristã 35
O que é uma paróquia 36
Breve história da paróquia 40
    A Igreja das casas 40
    Da casa à basílica 41
    As primeiras estruturas paroquiais 44
    O modelo feudal 45
    A reforma tridentina 47
    A igreja do Concílio Vaticano II 48
    A paróquia no Brasil 50

O que dizem os Documentos da Igreja no Brasil 53
   O Documento de Aparecida 53
   "Comunidade de comunidades:
   uma nova paróquia" 56
   A paróquia urbana 59

3. Das pequenas cidades às paróquias urbanas 63
   Melhorando o entendimento 65
   O mundo interiorano 66
   A sociedade urbana 70
   Na grande cidade tudo se mistura 74

4. Vivendo na grande cidade 77
   O hibridismo urbano 78
   Paróquias globalizadas? 81
   O indivíduo urbano 83
   Entre o indivíduo e a instituição 85
   Entre o dever e o bem-estar 87

5. Paróquias urbanas 91
   Paróquia urbana ou paróquia no contexto urbano? 94
   Em busca da identidade cristã 97
   Construindo o sujeito cristão e eclesial 100
   Pensando como prosseguir 105

Bibliografia 109

Prefácio

A paróquia de cidade em nossos tempos convive com uma radical mudança nas formas de comunicação entre as pessoas. Afetada pelos recursos tecnológicos, a comunicação propende a ser predominantemente virtual. Com isto se torna muito mais rápida, proporciona uma maior quantidade de informações e dados. Mas entre as contrapartidas nesse processo a vida toma um ritmo muito veloz, e traz dificuldades para nossa mente processar tantos dados, informações e emoções que provocam. Dificultam particularmente fazer a triagem ou avaliação sobre seus valores. Em outros termos, o tempo se torna curto e mais facilmente nos tornamos superficiais, com mais dificuldade para a reflexão e aprofundamento. Ter um tempo para ir à igreja ou participar de uma comunidade cristã passa a ter agora novas condições bastante variadas.

Esse contexto de transformações socioculturais ajuda a entender a importância de pensar as paróquias dentro desses novos ambientes de cidades marcadas pelo ambiente tecnológico. De modo geral todos nós em quase todos os lugares temos acesso às tecnologias. Mas a intensidade com que isto se dá é variável. Torna-se maior em grandes centros urbanos, onde a complexidade da vida se complica mais pelos deslocamentos, por atrativas propostas de contatos ou até por emoções ameaçadoras. Há cidades mais pacatas, em geral menores, onde a calma e a tranquilidade são mais perceptíveis. Aqui se trata de situar as paróquias em centros urbanos onde o ritmo é mais movimentado e a tranquilidade de vida é mais agitada.

Haveria muitas questões para tratar desse assunto, inclusive as grandes transformações socioculturais que nos afetam poderiam ser um começo de conversa. Mas isso poderia talvez distrair um pouco do assunto central ou mesmo estar começando pelas dificuldades e problemas. A opção assumida aqui foi então de começar pelo lado propositivo, ou seja, os valores e benefícios que podem ser encontrados e vividos. Com esse passo inicial se ganha certamente maior motivação para analisar os desafios que a vida cristã experimenta para viver e crescer em comunidade nos tempos tecnológicos de hoje.

Olhando, por assim dizer, de fora, a Paróquia parece uma organização do tipo de uma empresa que oferece serviços religiosos. Com suas estruturas, regras, organizações, parecem ter certas variações de qualidade nos serviços que prestam, conforme a classe social a que servem. Não há como negar que para muitos é exatamente isso que se imagina. Olhando por esse lado, os desafios trazidos pelas transformações socioculturais de hoje levariam as comunidades paroquiais a buscarem nas empresas modernas a principal inspiração para sua atualização dentro dos contextos urbanos. Entretanto, esse caminho levaria a uma espécie de traição dos sentidos fundamentais que constituíram a razão de ser das paróquias. E quem sabe esse seja até um conceito equivocado que esteja sendo assumido por algumas pessoas ao buscar atualização e melhorias em suas comunidades paroquiais.

Ao começar, portanto, pelo lugar de encontros que a paróquia foi criada para ser, este livro assume primeiramente a questão fundamental que lhe dá a razão de existência a serviço da vida cristã no mundo, os vários tipos de encontro se articulam entre si em uma corrente coerente de comunicação: de Deus conosco, de nós com Deus, e de Jesus o Cristo que nos reúne como comunidade de partilha. Esse dinamismo fundamental, em vista do qual a paróquia nasceu para cultivar e fomentar, é a tônica persistente e iluminadora para se entender seus espaços como um lugar de profunda experiência de Deus.

Outros dados históricos e os passos dados nos últimos anos para a renovação da Paróquia ajudam muito a situar o momento em que estamos. Ajudam principalmente a perceber como a Igreja em seu conjunto projeta e propõe a atualização das paróquias para continuarmos a sermos fiéis à fé cristã em nossos tempos. O individualismo se torna tentador pela autossuficiência que nos trazem os instrumentos modernos. O consumo de emoções e o bem-estar proporcionado a muitas pessoas disfarçam muitas vezes a necessidade que temos de alimentos espirituais e de valores que garantam os sentidos mais consistentes para nossa vida.

Entender o alcance do que pode ser uma paróquia traz, deste modo, uma vigorosa motivação de participar com mais intensidade e de forma mais consciente e também crítica. O encontro de Deus e com Deus, e com irmãos e irmãs em Cristo não significa buscar uma empresa que presta serviços religiosos, a partir de um gerente, tipo de um dono do estabelecimento, na figura do pároco. Nem significa, por outro lado, começar a fazer parte de uma comunidade de "anjos", gente perfeita que só tem virtudes. Estes dados estão muito bem comentados pelo Papa Francisco em sua exortação apostólica *Evangelii Gaudium*. Fazer parte de um grupo que tenha imperfeições traz a vantagem de nos abrir espaços de participação interativa. De receber e de contribuir, sempre dentro de nossas próprias limitações. E aí se abre a chance de se criarem constantemente formas participativas em meio às transformações constantes em que estamos.

Esta obra de Welder Lancieri é então uma preciosa contribuição para a vida cristã em tempos de radicais mudanças socioculturais. Seus esclarecimentos ajudam todo cristão que se deixa motivar em busca de alguma experiência com a vida cristã em comunidade. Para pessoas iniciantes, que ainda veem a comunidade paroquial como simples prestadora de serviços religiosos, pode facilitar o caminho para encontrarem seu sentido maior. A quem já participa, ajuda a esclarecer muita coisa e a motivar ainda mais. Viver e crescer em comunidade. Aos próprios párocos pode fornecer fundamentos, informações e boas inspirações em suas tarefas de animar e coordenar a experiência cristã na vida paroquial.

Pe. Márcio Fabri dos Anjos, C.Ss.R.

Introdução

A Igreja nasce para evangelizar. Isso significa que quando passamos a fazer parte dela assumimos nossa vocação de anunciar a todos os povos a Boa Notícia, que é o próprio Jesus e seu Reino. Mas desde o início essa evangelização foi acompanhada da construção de comunidades que eram grupos de pessoas que buscavam, juntas, fazer a experiência de Jesus. Assim, a Igreja nasceu comunitária e a formação de comunidades foi entendida, desde as primeiras, como o próprio processo de evangelização.

Com o tempo as comunidades começaram a se organizar e se transformaram no que hoje temos como as paróquias. Entendemos que a paróquia, que foi criada ao longo do tempo, é uma forma de organizar a vida comunitária. Mas é a comunidade que faz parte da Igreja desde sua origem. Quando participamos de uma paróquia somos, no fundo, chamados a assumir nossa vida junto à comunidade.

É importante lembrar que existem outras formas de organização da vida comunitária, como as ordens religiosas, as comunidades de vida apostólica ou mesmo as comunidades de missão. A paróquia é uma das tantas formas que a Igreja encontrou para organizar as comunidades eclesiais.

Mas com o passar do tempo a paróquia se transformou na forma mais encontrada de organização comunitária. Hoje, as tantas outras formas de vivência comunitária se inseriram no universo paroquial. Isso aconteceu, no cenário brasileiro, com as CEBs e com a RCC, que apesar de não nascerem no ambiente paroquial, em muitos lugares são tratadas como pastorais.

Ao falarmos das paróquias temos uma questão pastoral a resolver que faz toda a diferença para entendermos melhor essa forma de organização da vida eclesial. A paróquia nasceu no ambiente rural e é organizada para atender aos moradores das pequenas cidades e das regiões que a cercam. Ao ser trazida para o ambiente urbano, a paróquia passa por algumas adaptações. Em outros casos ela pouco consegue se adaptar e termina por não dialogar com os moradores da cidade. Vemos nas grandes cidades igrejas que estão cada vez mais vazias e na Europa casos de templos católicos que estão sendo vendidos por não terem mais povo que os frequente.

Não queremos aqui julgar se a paróquia é boa ou não. É comum alguns estudos sobre a paróquia dizerem que ela se trata de uma estrutura ultrapassada e que pouco consegue dialogar com a vida urbana. Não assumiremos essa postura. Buscaremos aqui entender o contexto urbano para depois apontarmos algumas linhas de ação da paróquia urbana. É muito importante que a comunidade eclesial dialogue com o ambiente onde ela se encontra. Se a paróquia está na cidade, é a cidade o local onde a evangelização acontecerá e não serve de muito fazermos as mesmas coisas que antes davam certo e esperar que, com as pessoas de hoje, elas alcancem o mesmo resultado.

Propomos aqui um caminho. Primeiramente entenderemos a comunidade eclesial como local de encontro entre as pessoas. Quando vamos à igreja queremos nos encontrar com Deus, mas também queremos nos encontrar com os irmãos. Um dos ideais da vida comunitária é construirmos uma grande família. Mas nas grandes cidades isso é cada vez mais difícil porque muitas vezes não conhecemos aqueles que estão sentados a nosso lado na igreja.

A paróquia é a organização da comunidade que se reúne para fazer memória de Jesus e reavivar seu projeto. Também buscaremos entender o movimento humano de se agrupar. Assim nascem as amizades e a família. O ser humano traz consigo um natural movimento ao outro.

A paróquia deve ser entendida como comunidade que se reúne. Mas é preciso voltarmos um pouco na história para que possamos entender sua origem e como ela se organiza. Também traremos algumas reflexões que a Igreja nos propõe sobre a paróquia, principalmente com o Documento 100 da CNBB e o Documento de Aparecida que serão abordados no segundo capítulo.

Antes de falarmos sobre as paróquias nas cidades é necessário entendermos o que é o urbano, e faremos isso no terceiro capítulo. Também é preciso entender como vive o indivíduo na cidade, o que faremos no quarto capítulo. Após essa caminhada poderemos falar da pastoral e da paróquia em contexto urbano com maior clareza e assim assumirmos melhores perspectivas para o entendimento da evangelização urbana. Desde já assumiremos que a realidade da cidade se forma como um ambiente pouco uniforme e a pastoral urbana trará poucas "receitas". O ambiente urbano pede um diálogo muito mais franco e sincero e que possibilite uma ação e organização que consiga se inserir na cidade.

Com este livro queremos, portanto, oferecer uma contribuição para se entender um pouco mais sobre o que é uma paróquia dentro da sociedade plural e complexa em que vivemos hoje. Sabemos que os agentes de pastoral buscam fazer o melhor que podem e encontram caminhos para realizar um bom trabalho pastoral. Mas também sabemos que se não tivermos o espírito aberto para realmente dialogarmos com as pessoas que buscam as comunidades não conseguiremos chegar muito longe em nosso trabalho de evangelização.

Nossas paróquias são chamadas a serem lugar de encontro entre as pessoas. Mas também são chamadas a ir ao encontro daqueles que não estão dentro delas assim como Jesus sempre fez. Ao abrirmos a paróquia para a vida na cidade estamos construindo uma "Igreja em saída", como nos pede o papa Francisco.

1
Paróquia, lugar de encontros

A comunidade eclesial é o local de encontro com Deus. Nela fazemos memória de Jesus e reavivamos o espírito do Evangelho em nossas vidas. E se o encontro com Jesus é o que sustenta a ação da Igreja desde seu princípio, o encontro entre os irmãos é consequência e, ao mesmo tempo, o local privilegiado onde Jesus se manifesta. Isso nos diz o próprio Jesus quando, diante da comunidade, mostra que a unidade e o encontro são características do encontro com ele (cf. Mt 18,20). A comunidade nos fortalece para o seguimento de Jesus e para a construção de seu Reino.

As pessoas não vivem sem as outras. Alguém pode ser mais introspectivo ou quieto, e não há mal nisso, mas viver sozinho é impossível. O ser humano busca encontrar-se com o outro. Biologicamente o encontro acontece para a procriação. Mas não é somente isso. Somos sociais. Buscamos nos organizar em grupos. As crianças são colocadas na escola para aprenderem a conviver com o outro. Temos regras, leis e cultivamos uma ética.

Também no campo psíquico somos pessoas de encontro. O isolamento é prejudicial a nossa saúde. Partilhamos afetos e emoções. Construímos amizades. Sentimos saudades. O fechar-se ao encontro com o outro é, em situações extremas, inclusive considerado doença. Nossa autoimagem é construída a partir da relação que temos com as pessoas que nos cercam. Assim o menino mais gordinho só tem essa noção se comparado àquele que é mais magrinho. Nossa ideia de que alguém é feio é construída a partir da imagem daquela pessoa que seria bonita. A busca de conhecer-se a si mesmo é consequência da relação com o outro. A relação com as pessoas é muito importante para nos construirmos enquanto ser humano.

Temos vários tipos de comunidade. A escola, o trabalho, as ONGs e as igrejas são exemplos de comunidades. Entender que somos pessoas que buscam as outras é importante para entendermos a paróquia. Ela é muito mais que um templo onde as pessoas vão para rezar. Lá vamos também para nos encontrarmos com as outras pessoas e juntos nos encontramos com Deus.

O ENCONTRO DE DEUS COM SEU POVO

Somos criados à imagem e semelhança de Deus (cf. Gn 1,27) e podemos entender e experimentar um Deus que também se coloca em relação. Primeiramente nosso Deus é entendido como Trindade. Isso nos revela que ele se relaciona em si mesmo. O Pai cria o universo, no Filho, que comunica o amor do Pai. O Espírito é o amor que une os dois e ao mesmo tempo os lança à relação com toda a criação. Deus não é egoísta: ele se relaciona.

Deus cria o universo para poder manifestar seu amor. Quando amamos muito uma pessoa, geralmente esse sentimento não cabe dentro de nós. Parece que precisamos falar senão morremos. Deus cria porque ama muito e esse amor transborda, precisa ser comunicado. E Deus cria o ser humano à sua imagem e semelhança. Isso nos revela que somos criados para a relação e não para o isolamento. Com o tempo Deus e a humanidade estabelecem um compromisso. Na linguagem bíblica chamamos esse compromisso entre Deus e a humanidade de aliança.

No decorrer dos tempos Deus continuou fazendo parte da história. Na teologia chamamos a história dessa relação entre Deus e a criação de "História da Salvação". Deus não é um ser que cria e depois fica olhando a humanidade para culpá-la dos erros que comete. Ele acompanha sua criação. E na história temos vários episódios onde isso acontece. Diante de um mundo que não entendeu o propósito da criação, Deus dá uma nova possibilidade "lavando" o mundo e estabelecendo uma nova aliança com Noé e seus descendentes (cf. Gn 9,9). Na escravidão do Egito, Deus acompanha seu povo e possibilita que, pela ação de um líder, Moisés, se construa a esperança de chegar à terra prometida, uma terra que mana leite e mel (cf. Êx 3,17). Depois, com a construção da monarquia – Saul é proclamado rei (cf.

1Sm 11,12ss) –, Deus envia os profetas para que esse povo nunca se esqueça da aliança formada com Deus.

É importante percebermos que Deus sempre se revela na história. Ele se dá a conhecer a partir da realidade humana. O povo faz a experiência de Deus a partir de situações concretas vividas em cada período. Deus não se revela desconhecedor da história de seu povo. Ele participa de nossas vidas de maneira concreta.

O momento mais intenso da relação de Deus com a humanidade acontece na pessoa de Jesus de Nazaré. Ele revela à criação a face amorosa de Deus. Nós nos acostumamos a dizer que Jesus morreu na cruz para nos salvar. E isso está certo. Mas esse é o final de uma viagem que se não percorrermos nunca entenderemos. Jesus veio para mostrar o amor de Deus que acontece na vida plena (cf. Jo 10,10). Para que essa vida plena se concretizasse, ele curou cegos (cf. Mc 8,22-26; 10,46-52) e leprosos (cf. Lc 5,12-15) e deu comida a quem não tinha (cf. Mc 6,30-44). O centro da ação de Jesus é a prática que manifesta o amor de Deus.

Mas muita gente não gostou desse amor. A sociedade da época também se fechou a esse relacionamento. O incômodo com a pessoa de Jesus fez com que alguns líderes da sociedade de seu tempo quisessem pôr fim a sua vida. Como o amor de Deus na pessoa de Jesus era pleno, ele não se intimidou e amou até o fim. Então a cruz ganha força. Ela é a chegada de uma caminhada de amor total. A confiança no amor de Deus fez com que Jesus não esmorecesse diante da possibilidade da morte e do sofrimento. O Pai dá sua resposta: a ressurreição. Com ela Deus mostra que o pecado – fechar-se ao relacionamento com Deus – não é a última palavra. A salvação de Deus nos alcança quando entendemos que nossas relações devem ser pautadas pelo amor.

Conhecemos pessoas que, seguindo o exemplo de Jesus, não desanimam diante de alguma dificuldade. Elas buscam a vida plena no relacionamento com os irmãos. Muitas dessas pessoas estão dentro das comunidades católicas espalhadas pelo mundo. A comunidade é chamada a espelhar em suas ações pastorais, em seus movimentos e serviços o amor relacional de Deus. Ainda hoje Deus continua se relacionando com as pessoas. Elas vivem suas histórias. Também a sociedade vive sua história e Deus quer dela participar.

Quando vivemos numa paróquia somos chamados a sermos facilitadores entre Deus e as pessoas. Deus quer fazer parte da vida das pessoas e a paróquia é chamada a ser local privilegiado onde isso acontece. Assim, cada um que busca o atendimento ou uma celebração em uma paróquia é convidado, antes de mais nada, a experimentar o amor de Deus.

O ENCONTRO ENTRE AS PESSOAS

A família

Nós nascemos de uma família, mesmo que ela não tenha durado muito tempo. As pessoas se agrupam em famílias. E essa é a primeira forma de organização da sociedade. Muito escutamos que a família está em crise. Isso não é verdade. Talvez o que esteja em crise é uma forma de organização familiar, mas a família sempre continuará existindo pois nos reunimos para viver.

Os modelos familiares sofrem transformações ao longo da história. A única característica que não se transforma é a de ser a família local de encontro entre as pessoas. Vamos aqui buscar entender a família como aproximação daqueles que querem se agrupar e assim conviverem e organizarem melhor seu cotidiano.

Mesmo que não recebesse esse nome, a família, enquanto agrupamento de pessoas, acompanha a história da humanidade. Até o período moderno, onde encontramos as primeiras cidades nos moldes atuais, a família tem a função de organizadora da vida social. Uma família é entendida como um clã, um grande agrupamento de pessoas, que tem a função de suprir as necessidades básicas como alimentação e proteção. Nos clãs se plantava e colhia, cuidava-se dos animais que serviriam de alimentação e também daqueles que eram utilizados para o trabalho no campo. Os casamentos eram arranjados entre os vários clãs e tinham a função de estabelecer diálogos necessários para a sobrevivência.

A família não era apenas uma célula da sociedade. Ela era uma sociedade. Na família as crianças eram educadas aprendendo a profissão. A escola aparecerá bem depois e como função do Estado e direito do cidadão é algo muito recente. Os moradores dos clãs aprendiam a plantar, cuidar dos animais, moldar o ferro, tecer nos teares, entre tantos afazeres que faziam parte da vida familiar. Esse modelo familiar tem, além da função de reprodução, a de produzir para seu sustento.

O líder familiar tinha importância social. Ele organizava a vida do clã. A família não era formada apenas por mãe, pai e filhos. Faziam parte dela também tios e tias, sobrinhos, netos e bisnetos. A diferença é que todos os membros da família estavam a serviço da manutenção do clã onde se produzia tudo aquilo que usava. Geralmente esse tipo de família tinha até uma capela e quando recebiam a visita de um padre aproveitavam para batizar e crismar seus novos membros, pedir a bênção para a lavoura e até realizar seus casamentos.

Também as festas eram familiares. Mesmo que a motivação fosse religiosa ou social, a comemoração era feita em família. As famílias eram as grandes responsáveis pelas festividades e consequentemente eram elas quem criavam as tradições que muitas vezes se perpetuavam por gerações.

É esse modelo familiar que chegará até os nossos dias e ainda é a base do padrão familiar que vivemos. Principalmente nas regiões mais interioranas do Brasil, ainda encontramos festas tradicionais ou até modelos familiares parecidos com o modelo dos clãs.

A vida moral, ou seja, os costumes e comportamentos aceitos pela sociedade, era determinada pelo líder familiar e tinha relação com seus costumes religiosos. Mas até então a sociedade era muito rural.

Essa estrutura se transformará na sociedade industrial que começa a se urbanizar. As sociedades europeias sofreram um enorme impacto com a invenção dos maquinários que transformaram as estruturas de trabalho. Nesse período histórico que acontece entre os séculos XVIII e XX as famílias deixam de ser unidades de produção e passam a vender sua mão de obra como forma de se sustentar. Elas saem das áreas rurais e passam a habitar as cidades para trabalhar nas indústrias. Consequentemente, passam a exercer seu poder de consumo. Ou em muitos casos não conseguem pela falta de trabalho e dinheiro.

As fábricas passam a ter importante papel na organização da sociedade. Ainda hoje as pessoas mudam de cidade em busca de emprego. Por isso as cidades que contam com um maior número de fábricas, indústrias ou grandes empresas contam também com um maior número de migrantes que buscam nelas seu sustento.

Nesse modelo de sociedade a família não mais é a organizadora da vida cotidiana. Nem mesmo a religião. Quem comanda a vida cotidiana é o mercado. Se antes o dia de descanso era o domingo, dia dedicado ao Senhor e ao convívio familiar, hoje, principalmente nas grandes cidades, muitas pessoas que trabalham em shoppings ou indústrias têm um outro dia da semana reservado para seu descanso.

Se por muito tempo a família ocupou lugar central na organização da sociedade, com a mudança para o modelo urbano de cidade, ela passa a se ocupar unicamente dos assuntos privados. Sendo assim, o público, relacionado às organizações sociais e ao ambiente coletivo, é delegado ao governo e suas organizações. À família ficam delegados os aspectos privados da vida humana como os relacionamentos afetivos, as amizades e os hábitos religiosos. Mas o ser humano continua se relacionando e tem na família o local onde esses relacionamentos são cultivados por primeiro.

A comunidade

Além das famílias, as pessoas também se agrupam em comunidades. Estamos acostumados a utilizar o conceito de comunidade no ambiente eclesial. Mas esse é também um conceito sociológico. Buscaremos entender a comunidade como agrupamento de pessoas para depois entendermos como agrupamento daqueles que querem vivenciar juntas a memória de Jesus e colocar em prática seus ensinamentos.

Primeiramente a comunidade nos lembra um conjunto de pessoas. O filósofo Aristóteles entende o ser humano como um ser político. A palavra política se refere à *pólis*, que era a sociedade grega. Para esse filósofo todo ser humano é um ser que busca se relacionar e viver em sociedade. Mas a comunidade se diferencia de qualquer outro grupo pelo fato de seus membros partilharem de alguma característica comum. Sendo assim uma pessoa pode ser social, ou seja, viver numa sociedade, sem necessariamente participar de uma comunidade? Na prática é difícil encontrarmos um caso. Mas no entendimento dos conceitos nos parece ser aceitável.

A comunidade também pode existir quando seus membros habitam a mesma área geográfica e isso os leva a interagirem. Exemplo é a comunidade onde as pessoas trabalham com a colheita de um produto típico da região.

Também pode existir uma comunidade quando seus membros compartilham uma residência, aldeia ou região interagindo a partir de um espaço físico. Mas a comunidade pode também ser reconhecida a partir de outros elementos como a utilização do mesmo idioma, crença, etnia, função social ou mesmo uma profissão.

Na comunidade os laços são pessoais. Há uma interação entre seus membros de forma a partilhar ideais e sentimentos. Há entre os membros de uma comunidade certa camaradagem e auxílio mútuo.

Nos tempos atuais, ou pós-modernos como alguns pensadores costumam falar, há uma tendência a entendermos as relações sociais e comunitárias na perspectiva do indivíduo. Com isso chegamos ao progresso de olharmos para as necessidades das minorias, como é o caso das pessoas com deficiência que cada vez mais conquistam seus direitos, ou mesmo as necessidades daqueles que não são minorias mas são excluídos de algumas situações, como é o caso dos negros que no Brasil enfrentaram o problema da escravidão.

Nas grandes cidades encontramos as tribos urbanas. Elas são grupos de pessoas que se reúnem por terem alguma característica comum. Há os *skatistas*, *emos*, *skinheads*, *nerds*, *playboys* entre outros. As tribos buscam ocupar espaços no cenário urbano para que sejam reconhecidas e construam sua identidade.

Mas até nas cidades pequenas encontramos esses tipos de comunidade. Na escola existem grupos daqueles que praticam esportes, das meninas que gostam de se arrumar, chamadas de patricinhas, dos que gostam de estudar, os *nerds*, e tantos outros grupos.

Percebamos que cada comunidade traz em si uma forte identificação de seus membros e uma interação a partir de uma característica comum. Há também uma forte identificação a partir de um ideal que pode ser a construção de uma identidade ou o alcance de algum direito. Sendo assim também a comunidade paroquial se reúne a partir de uma característica comum que é o seguimento de Jesus.

Mas a comunidade pode se transformar em comunitarismo, que acontece quando a comunidade se separa da sociedade e não mais busca interagir com ela. Os membros de uma sociedade podem se sentir melhores e por isso buscar se separar ou podem se sentir não aceitos e desestimulados da participação social. Seja como for, a atitude comunitarista deve ser evitada pelas paróquias. Separar-se da sociedade como um todo seria no mínimo uma atitude que não condiz com a intenção de Jesus de se relacionar com todos.

Vistas as características de uma comunidade a partir dos pressupostos da sociologia, buscaremos entender as motivações e características da comunidade eclesial. Assim teremos os elementos necessários para a análise da paróquia – comunidade de cristãos católicos – em contexto urbano.

EM JESUS O ENCONTRO COM MUITOS IRMÃOS E IRMÃS

Quando passamos a fazer parte da comunidade cristã, somos chamados à vivência da comunhão. A comunidade é local da comunhão com Deus que se expressa na vida com os irmãos. A comunhão da comunidade eclesial é expressão da comunhão de Jesus com o Pai (cf. Jo 1,18). Deus se manifesta na comunhão trinitária.

Jesus expressa a comunhão trinitária ao expandir seus horizontes familiares. Criado pela família de Nazaré, com José e com Maria, Jesus em nenhum momento renega sua família, mas abre-se à comunhão com as pessoas. Primeiramente porque Jesus escolhe "os doze" que o acompanharão durante sua vida pública (cf. Mc 3,13-19). Depois a comunidade dos seguidores de Jesus será a comunidade que busca viver a comunhão com o projeto do Reino de Deus. Ao ser questionado pelos doutores da lei e ao ser chamado por seus familiares, Jesus diz que aqueles que fazem a vontade de Deus são seus irmãos e sua mãe (cf. Mc 3,31-35). A comunidade dos seguidores de Jesus deve estar aberta à ação do Reino. Depois Jesus deixa a região da Galileia para caminhar rumo a Jerusalém, onde sua ação culminará na entrega à cruz.

As comunidades primitivas, que contavam com a presença apostólica, foram caracterizadas por uma convivência comunitária intensa. A Igreja das casas presente nos Atos dos Apóstolos retrata a comunhão dos bens (At 2,44; 4,32) e a distribuição dos valores, segundo a necessidade de cada um (At 4,45). Os relatos ainda falam que entre eles não havia necessitados (At 4,34-35). O livro dos Atos ainda retrata a comunidade como aquela que vivia a comunhão de "um só coração e uma só alma" (At 4,32). O serviço comunitário deveria ser prestado aos mais necessitados, principalmente aos órfãos e viúvas que eram desprovidos de herança. Por fim o autor retrata a fração do pão, mistura de uma assistência aos necessitados com a memória de Jesus (cf. At 2,42. 20,7). A liturgia assume em Atos as características de serviço prestado ao povo. A fé celebrada busca se transformar em atitudes concretas e, ao mesmo tempo, a vida cotidiana é contemplada naquilo que é celebrado pela comunidade.

Contudo a organização do pensamento sobre a comunidade acontece com Paulo. Ele entenderá a comunidade como "Corpo de Cristo" (cf. 1Cor). Os cristãos são incorporados à comunidade, pelo batismo, em Cristo. Ao ser batizado o cristão participa da morte de Jesus. Há na teologia paulina muito da ideia da cidade grega onde cada habitante cumpria sua função. Assim, na comunidade eclesial, também cada batizado exerce sua função dando forma ao Corpo de Cristo.

A partir da vivência dos primeiros cristãos podemos perceber que a comunidade eclesial apresenta algumas características. O cristianismo está além de uma adesão pessoal. Essa adesão culmina na vivência comunitária. Por isso ser cristão é mais que uma adesão individual. É também uma adesão à comunidade dos seguidores. Os membros da comunidade são seguidores de Jesus. Mas esses seguidores não fazem seu caminho sozinhos. Buscam a vivência fraterna. Na comunidade cristã os doentes, as viúvas e os órfãos devem ser atendidos, buscando fazer com que se perpetue o legado das primeiras comunidades de "não haver necessitados entre eles" (cf. At 4,45). E por fim a comunidade eclesial se caracteriza por fazer memória de Jesus, seja em seu aspecto litúrgico e celebrativo, seja no aspecto de perpetuá-lo na busca do Reino.

As comunidades primitivas se constituíam como local do encontro com Jesus morto e ressuscitado. A vivência da fé busca se embasar nos ensinamentos do Evangelho e nos laços comunitários. A fé cristã nasce comunitária. Podemos dizer que não houve cristianismo sem adesão à comunidade eclesial. Assim a comunidade se tornou o modelo da vivência cristã.

ENCONTRO NA PARTILHA DA FÉ CRISTÃ

Como qualquer outra comunidade social, a comunidade eclesial partilha de objetivos, metas e histórias comuns. Mas a dinâmica da comunidade eclesial se organiza a partir da vivência e transmissão da fé. É comum muitos cristãos, mesmo antes de fazerem sua adesão a Jesus, viverem essa adesão no ambiente comunitário.

Mas duas questões devem fazer parte de nossa reflexão. A primeira diz respeito ao próprio entendimento de fé. E a segunda nos faz pensar se a fé pode ser transmitida ou se é uma resposta pessoal e intransferível. Seria possível uma fé comunitária ou apenas temos fé no ambiente comunitário? Seria a comunidade apenas um ambiente onde a fé de cada um de seus membros se soma?

A fé é entendida como um compromisso assumido pela pessoa. Ela supera o sentimento ou a sensação de um encontro com Deus. A fé é aquilo que vem depois desse encontro. Abraão, considerado o pai da fé, encontrou-se com Deus que lhe prometeu uma grande descendência (Gn 13). Não foi esse o momento de fé. A fé de Abraão consiste em sair de sua terra e caminhar sem ao menos saber se iria chegar a Canaã. O cego Bartimeu (Mc 10,46-52), ao ouvir a multidão e Jesus, que com ela andava, não teve um momento de fé. A conversa com Jesus o motivou a jogar o manto e ir ao encontro do mestre. O manto para o cego era importante. Durante o dia ele servia de depósito para esmolas e de noite para se proteger do frio. Jogar o manto é um ato de compromisso com a pessoa de Jesus, é a atitude daquele que supera a vida de exclusão e se agarra na possibilidade de um novo caminho.

A fé cristã assumida pelo batismo é entendida como compromisso assumido de uma vida coerente com a pessoa de Jesus que é vivida no seio da comunidade. A fé é vivida em contextos concretos. É compromisso assumido na vida cotidiana. Caso contrário a fé se torna adesão a uma teoria teológica e não vivência do Evangelho.

Em toda celebração dominical a comunidade eclesial faz sua profissão de fé. Muitos acreditam ser o "Creio" uma oração. É comum escutarmos alguém dizer *"Vou rezar o Creio"*. Mas o Creio não se reza. Antes, professa-se. A profissão de fé é um compromisso assumido publicamente. Ao professarmos a fé dizemos diante da comunidade eclesial que queremos assumir aquele compromisso trinitário e comunitário.

Ao professarmos nossa fé, nas celebrações dominicais, dizemos "Creio na Igreja". A Igreja é o ambiente da fé. A fé que professamos é vivida no ambiente comunitário. Em termos filosóficos podemos dizer que a Igreja não é objeto da fé mas o local onde ela acontece. Um exemplo é o modo que o amor familiar é vivido na família. É a relação entre os membros da família em um ambiente privilegiado para alimentar o amor familiar. Do mesmo modo o ambiente comunitário e eclesial é local privilegiado para alimentarmos a fé em Jesus. Cremos em Deus, reunidos e participando como Igreja.

A fé que professamos comunitariamente é recebida no batismo. Quando somos batizados, o ministro que preside a celebração pergunta: "Que pedes à Igreja de Deus?", e aquele que vai ser batizado responde: "A fé". O compromisso assumido individualmente é vivido comunitariamente. Sem a comunidade somos menos capazes de vivermos nosso compromisso cristão. A fé tem então um movimento interior e um movimento exterior. A pessoa é trabalhada internamente e faz uma adesão pessoal.

Ninguém pode aderir a Jesus e à comunidade eclesial no lugar do outro. Não existe batismo por procuração. Mas essa fé é vivenciada e fortalecida conforme vivemos com os irmãos.

Assim a fé comunitária pode ser entendida ao mesmo tempo como ambiente da fé. Mas pensemos: haveria fé cristã sem a comunidade eclesial? Aqui adentramos num aspecto importante da vivência comunitária. A fé cristã não existe individualmente. A fé cristã é comunitária. Mais que o conjunto das pessoas que têm fé, existe uma fé transmitida pela comunidade.

A Igreja nasceu comunitária e esse modelo se perpetuou ao longo da história. Mas com o passar do tempo a organização da comunidade sofre transformações. Na Igreja do tempo dos apóstolos não há paróquias. Elas surgem posteriormente e isso veremos no próximo capítulo. Percorreremos o caminho histórico de construção da estrutura paroquial e seus trabalhos pastorais para que nossas ações comunitárias possam se fazer presentes. A comunidade é chamada a ser encontro de comunhão, de vivência do Evangelho, de encontro com Jesus e celebração do Reino.

2
Paróquia, a serviço da comunidade cristã

A paróquia tornou-se, com o passar do tempo, a forma mais comum de organização comunitária da Igreja. Mas é importante pensarmos que ela não é a única. Há na história da Igreja muitas outras iniciativas de organização comunitária e muitas delas se perpetuaram na história. Exemplos são os monastérios, as comunidades religiosas como os franciscanos, dominicanos ou agostinianos e, mais próximo de nossos tempos, temos as comunidades de vida ou comunidades de aliança. Isso nos leva a perceber que não é a paróquia a organização universal da Igreja, mas a comunidade. O que é comum em qualquer forma de organização da Igreja é o agrupamento de pessoas, que costumamos chamar de comunidade.

O ideal de organização e partilha da vida cristã se dá na comunidade. As pessoas se juntam para o melhor conhecimento de Jesus e seu projeto de vida (cf. Mt 18,20).

Sendo assim a paróquia se torna, historicamente, a forma que a comunidade eclesial encontrou de se organizar. Mas para falarmos do trabalho das paróquias urbanas é necessário que pensemos em como a paróquia possibilita o encontro das pessoas com Deus, consigo mesmas e com os irmãos, formando comunidade.

Buscaremos neste capítulo trazer como a Igreja define a paróquia, além de fazermos um retrospecto da história da paróquia. Entender sua origem e as transformações históricas pelas quais ela passou nos ajuda no resgate de sua função na vivência da comunidade. Não se trata de fazermos um minucioso resgate histórico. Traremos os acontecimentos mais expressivos. Num segundo momento, vamos visitar alguns documentos da Igreja que buscam reconfigurar o trabalho paroquial. Ateremos-nos principalmente ao Documento 100 da CNBB, intitulado *Comunidade de comunidades* e ao *Documento de Aparecida*. Em um terceiro momento poderemos perceber que tanto a história da paróquia quanto os documentos mais atuais da Igreja apontam para a paróquia como lugar onde a comunidade busca vivenciar Jesus e seu evangelho.

O QUE É UMA PARÓQUIA

A paróquia é resultado de uma longa evolução do modo como as comunidades se organizaram ao longo dos tempos. Foram se modificando, e isto significa que o modelo que temos hoje também pode ser modificado. Vejamos primeiro como a paróquia surgiu e qual é ideia original que motiva sua criação e também como o direito canônico pensa a paróquia em nossos dias.

A palavra paróquia tem origem grega e pode ter vários significados. Primeiramente pode ser entendido como "viver junto a" ou ainda "habitar nas proximidades". Outro significado etimológico da palavra estaria relacionado à pessoa que não tem residência fixa, aquele que é estrangeiro, que precisa de um local para ficar. Assim, a palavra paróquia no fundo quer nos lembrar que ela deve ser um local de acolhida. Em uma interpretação mais espiritual dá a ideia de que todos somos peregrinos neste mundo. Esta interpretação se baseia na leitura da carta de Pedro. A paróquia seria o local de acolhida dos peregrinos que, mesmo estando na terra, têm o céu como morada (cf. 1Pd 2,11). Assim a paróquia seria local de acolhida de todos, pois seríamos todos estrangeiros na terra, visto que nossa morada é o céu. Não se trata de uma desvalorização das realidades terrenas ou mundanas, mas de acolhida daquele que chega ao ambiente paroquial, uma vez que todos teriam a mesma condição humana, a de estrangeiros.

Também podemos retomar o termo paróquia vindo do latim *parochia*, que quer dizer avizinhamento ou ainda vizinhança. Nesse sentido, a paróquia se refere a um grupo de pessoas que vivem juntas, que são vizinhas, próximas, ou formam uma vizinhança; esse conceito não teria a mesma conotação bíblica que se refere à ideia de sermos estrangeiros neste mundo.

Independentemente da acolhida do estrangeiro ou daquele que se converte ao cristianismo, ou ainda de ser um local de convívio da vizinhança, a ideia de paróquia traz consigo uma revolução teológica. Diferentemente de muitos costumes religiosos antigos que relacionavam a pertença religiosa a determinado grupo étnico, o nome paróquia traz consigo o ideal de ser um local de convivência de todos. Para a comunidade dos primeiros séculos do cristianismo, seria o cristão, um cidadão da comunidade, independentemente de onde ele tivesse nascido ou onde vivesse.

Assim o termo paróquia nos impulsiona a construirmos um ambiente de acolhida de todos. O ideal é que nas paróquias criemos comunidades onde as pessoas se conheçam e convivam como em uma grande família.

Há também um entendimento canônico do que é a paróquia. O Código de Direito Canônico (Lei que rege a ação da Igreja), na versão escrita em 1917, define a paróquia como "uma parte territorial da diocese com sua própria igreja (templo) e população determinada, atribuídas a um reitor especial como pastor próprio da mesma para a necessária cura das almas". Há nesse conceito uma ideia da paróquia como organismo dependente da diocese, além de ser um entendimento territorial, relacionado ao trabalho de um templo em específico e de um clérigo.

Já o Código de Direito Canônico de 1983 – versão vigente ainda hoje – traz uma pequena variação, dizendo que "A paróquia é certa comunidade de fiéis, constituída estavelmente na Igreja particular, cuja cura pastoral, sob a autoridade do Bispo diocesano, está confiada ao pároco, como a seu pastor próprio". Igreja particular é um termo que se refere a uma diocese. Ela seria um reflexo da Igreja que está presente no mundo inteiro (universal). Temos aqui uma ideia de paróquia mais organizacional e menos voltada a "questões espirituais", como a cura das almas, trazida pelo Direito Canônico de 1917. Mas as duas ressaltam a importância do pároco como aquele que organiza a paróquia, sendo que na segunda versão, temos ressaltada a jurisdição episcopal.

Quando olhamos para a palavra paróquia vemos presente o ideal de uma vizinhança que convive e se relaciona. O Direito Canônico se ocupa mais de sua organização, delegando sempre ao pároco essa função. Com o tempo as paróquias se tornaram organismos burocráticos que são responsáveis por registrar e documentar suas atividades, além de se organizar financeiramente. Elas se tornaram cada vez mais dependentes da figura do padre. Depois do Concílio Vaticano II foram criados, principalmente no Brasil, conselhos paroquiais e comunitários que buscavam inserir os leigos nessa organização. Mas até chegar aos dias atuais, a paróquia passou por muitas transformações. Buscaremos identificar alguns momentos importantes para entendermos como a paróquia se formou. Sabermos sua utilidade nos ajudará a pensarmos melhores meios de evangelizar por meio da paróquia onde vivemos.

BREVE HISTÓRIA DA PARÓQUIA

Para que possamos entender a paróquia urbana é necessário saber algo sobre sua origem. O contexto em que nasce essa forma de organização da comunidade cristã é conhecimento importante para entendermos como a paróquia foi se tornando o modelo mais comum de organização comunitária.

A paróquia propriamente dita nasce em contexto rural e quando a Igreja, após o período medieval, volta a ocupar predominantemente o espaço urbano, assume esse modelo de organização sem uma maior preocupação em adaptá-lo. Mas até chegar a esse período, o caminho foi longo.

A Igreja das casas

As comunidades dos primeiros séculos foram fortemente influenciadas pela teologia de Paulo. As viagens do apóstolo tinham o objetivo de formar comunidades em vários lugares e elas se organizavam nas casas. Ao se deparar com situações sociais diferentes das vividas na região da Palestina, Paulo soube se adaptar, principalmente nas cidades gregas como Corinto ou Tessalônica.

Na época de Paulo não existiam templos. Mas a Igreja existia. As lideranças das comunidades abriam suas casas para que os encontros das comunidades acontecessem. A celebração da partilha do pão acontecia nessas casas. Essa prática ainda é comum no Brasil. Quando formamos uma comunidade, antes de construirmos um templo nos reunimos nas casas, muitas vezes na garagem, na sala, ou até debaixo de uma árvore onde, tendo a mesa da cozinha de algum dos moradores do bairro, celebramos a eucaristia.

Paulo, mais que um administrador, era um animador, que enviava cartas com instruções, às vezes bastante específicas, para a organização e trabalhos da comunidade. Quem organizava as comunidades eram as lideranças locais.

A casa como lugar da organização da comunidade traz a ideia de um grupo que passa a criar laços de convívio cotidiano. Aqueles que acolhiam a comunidade em suas casas acabavam por se tornar uma referência para o próprio Paulo e alguns desses líderes, inclusive, eram mulheres. Não eram os padres que organizavam as comunidades. Existiam os diáconos e presbíteros que eram serviços específicos da comunidade, mas não administradores. Os apóstolos acompanhavam as comunidades, mas muitas não contavam com a presença constante deles.

Da casa à basílica

A relação das comunidades com o Império Romano (27 a.C. - 476 d.C.) será responsável por uma mudança grande do cristianismo e consequentemente da organização comunitária. As comunidades não tinham templos. As pessoas se reuniam nas casas. Mas será o Império Romano que mudará essa realidade, fazendo com que os cristãos passem a se reunir nas basílicas. Vamos aqui trazer algumas informações que nos ajudam a entender essa história.

Até o século IV os cristãos não podiam ser donos de templos. O lugar de culto era a casa que estava sob o nome dos membros da comunidade. A Igreja cresceu e já não mais se reúne na casa de seus membros. Então os membros da comunidade passam a se reunir em uma casa que serve para os trabalhos da comunidade e que já não é a residência de alguém. Mas como os cristãos não podiam ter templos, essa casa recebe o nome de uma das pessoas da comunidade. Alguns autores dizem que é dessa época que vem a tradição de cada templo católico receber o nome de um santo.

Mas uma decisão do imperador Constantino (272-337) muda isso. No ano 313 ele publica o Edito de Milão, que aceita o cristianismo como religião e permite que os cristãos tenham suas práticas religiosas e cultos. Mais diferença na vida dos cristãos faria o Edito de Tessalônia, assinado em 381, pelo imperador Teodósio (347-395), que declarava o cristianismo a religião pública romana. Agora o cristianismo passa de religião permitida para religião praticamente obrigatória. O cristianismo organizará as questões religiosas relacionadas ao Império, elementos cristãos passam a ser utilizados na arquitetura e os cultos, até então predominantemente domésticos, ocuparão as basílicas que eram as grandes residências dos imperadores.

As casas que acolhiam as celebrações não mais as comportam. Então a Igreja ganha um espaço para se reunir. São as basílicas, palavra que significa "casa do rei". Eram casas do imperador romano que passam a servir de espaço para a comunidade.

Aos olhos mais desavisados esse acontecimento pode ser muito bom. Todos serão cristãos, podem pensar alguns... que mundo maravilhoso. Mas esses cristãos não foram evangelizados nem passaram por um processo de conversão. Eles foram praticamente obrigados a se tornarem cristãos.

Nesse período os processos catequéticos, também chamados de catecumenais, que preparavam os cristãos para o batismo e para a vivência comunitária, são prejudicados. Se antes cada novo membro da comunidade era acompanhado individualmente, agora isso não mais acontece.

A comunhão eucarística perde espaço. As celebrações se tornam mais frequentadas e menos domésticas. Como permitir que todos comunguem sem saberem o que estão fazendo? É nesse período histórico que surgem práticas como a adoração à Eucaristia, missas mais assistidas que celebradas e até a confissão individual mais parecida com a que celebramos hoje.

As primeiras estruturas paroquiais

Com o aumento do número de cristãos, os bispos responsáveis pelas cidades passaram a ter responsabilidade também sobre as redondezas rurais. A Igreja começa a se organizar a partir de um território. O bispo, responsável pelo território, delegará presbíteros que cuidarão das igrejas que estão nos arredores das cidades.

Mas são os imperadores Constantino e Teodósio que representam uma verdadeira revolução nas estruturas de organização da Igreja. Com a oficialização do cristianismo pelo Império Romano, vários missionários passam a propagar a religião, agora oficial, pelo vasto território imperial, atingindo a zona rural.

A estrutura cristã de organização já não conseguia administrar o significativo aumento de adeptos na própria cidade. Cada bispo celebra a eucaristia na cidade onde reside e delega um presbítero para celebrar a eucaristia na zona rural, representando o bispo. A estrutura que faz uso de uma organização próxima do que viria a ser chamado de paróquia surge para responder às necessidades da zona rural, que não era assistida pelos bispos, que administravam o território urbano.

O Império Romano não demora a cair. E com seu declínio o cristianismo herdará muito de suas estruturas e hábitos. Muitas roupas que hoje fazem parte da liturgia da Igreja são próprias do Império Romano e não da época de Jesus. A própria figura do papa ganhará mais força com a queda do Império Romano.

Mas o cristianismo, diferentemente do Império Romano, continuará com seu vigor. E terá um novo aliado em sua organização: os feudos. Esses sim serão de muita importância para entendermos as paróquias.

O modelo feudal

Com o declínio do Império Romano ganha força a organização dos feudos. Eles eram territórios cercados que eram organizados pelo senhor feudal mas que estavam sob a obediência de um rei. Os reis governavam territórios bem menores, se compararmos com o Império Romano. Por isso a força dos reis também será menor. Eles se aproximam da Igreja e, em sua maioria, os reis são coroados por bispos ou papas.

Para melhor organizar seu território, os reis delegavam a administração dos feudos aos senhores feudais. O feudo praticamente se mantinha com o trabalho daqueles que viviam em seu território. Os moradores tinham sua função, seja a agricultura, o trato com os animais ou nos trabalhos artesanais. O feudo terá também, dentro de seu território, uma igreja. Muitos terão inclusive um mosteiro. O senhor feudal será o próprio dono da igreja. Com o tempo a Igreja aproveitará a estrutura feudal para a criação de paróquias.

Os feudos estavam nas zonas rurais. Muitos depois se transformarão em cidades, mas em sua origem não eram uma delas. Mas existia vida fora do feudo, inclusive nas grandes cidades. Moravam fora dos feudos, ou aqueles que eram muito pobres, ou aqueles que estavam nas grandes capitais. Cabe ainda ressaltar que eram poucas as paróquias na cidade. As paróquias urbanas começam a existir como resposta ao trabalho das ordens mendicantes (franciscanos, carmelitas, dominicanos, agostinianos entre outras), que fazem um trabalho paralelo à organização paroquial e que ocupam as regiões da cidade e não dos feudos.

As paróquias medievais dos séculos XII e XIII, predominantemente rurais, trazem algumas variações. Apesar de estarem sob a jurisdição episcopal e serem demarcadas territorialmente, a ação paroquial passa por transformações. Estando longe, em termos territoriais, do controle dos bispos, as paróquias se tornam lugar de festas e negócios. Surgem as festas e práticas religiosas populares e o catolicismo passa acontecer para além da iniciação ao batismo. Esse catolicismo chegará ao Brasil no período da colonização principalmente pelas práticas religiosas portuguesas.

Na ausência dos padres o povo criará formas de culto como os terços, procissões, rezas de ofícios e muitas outras formas de celebrações que ainda hoje existem no Brasil, mas que não dependem do padre ou da paróquia para existirem. É nessa época também que surgem as indulgências. Muitas pessoas se aproveitavam da religiosidade popular para vender a salvação. A Igreja acreditava que era necessário se organizar e convoca o Concílio de Trento que trará muitas consequências para a vida paroquial.

A reforma tridentina

O Concílio de Trento (1545-1563) foi muito importante na história da Igreja. Mas ele pouco falou sobre a paróquia propriamente dita. Ele fala mais sobre a vida e o trabalho dos padres e busca responder à Reforma Luterana. A Reforma Tridentina, para combater o crescimento do protestantismo, incentiva a prática dos sacramentos, que estará diretamente relacionada com a organização paroquial.

Trento também é responsável pela criação de novas paróquias, que tentam responder ao crescimento populacional, e pela criação dos seminários, responsáveis pela formação dos párocos. Em resposta à Reforma Protestante, que tinha uma doutrina contrária à prática sacramental, o Concílio de Trento transforma os templos em lugares de catequese, de celebração de missas, pregação e o espaço do encontro dos batizados, fortalecendo ainda mais a figura do clero.

Trento busca padronizar o modelo de padre e também o modelo de missa. Se antes de Trento existiam padres casados, agora eles serão celibatários. A ideia é a de formar padres que se dediquem inteiramente ao serviço paroquial. As missas serão todas em latim, padronizando o modelo criado por Gregório Magno.

Se antes os padres eram formados pelos próprios padres, morando com eles e acompanhando a vida paroquial, com Trento os seminários se tornarão responsáveis por essa formação. Se por um lado os seminaristas perdem contato com a vida da comunidade, por outro a

Igreja ganha em padronização de seu trabalho e de uma preparação intelectual de seus futuros padres.

Essa prática ainda existe hoje. Os jovens vocacionados saem de suas comunidades e passam a morar em um seminário, que em muitos casos fica fora da diocese a que pertencem. Para tentar equilibrar a formação com a participação comunitária, as dioceses criaram os estágios pastorais. Aos finais de semana os seminaristas acompanham uma comunidade. Mas essa preocupação com uma formação de padres próximos ao povo será maior com o Concílio Vaticano II.

A igreja do Concílio Vaticano II

O mundo havia mudado. A Igreja mais brigava com ele que dialogava e servia. Isso incomodava o papa João XXIII que acreditava ser preciso abrir as janelas da Igreja para que ela respirasse novos ares. Foi então que ele convocou o Concílio Vaticano II.

O Concílio Vaticano II (1962-1965) não traz uma produção específica sobre a paróquia. Mas em sua intenção de dialogar com a modernidade, traz uma nova consciência eclesial. O desejo de "anunciar o evangelho a toda a criatura e iluminar todos os homens com a claridade de Cristo" é expresso no início da *Lumen Gentium* (1). A Igreja reaviva o desejo de estar próxima das pessoas e isso será importante para uma nova ideia de paróquia. A *Gaudium et Spes* (1) traz a ideia de uma Igreja menos voltada para si e mais voltada para o mundo, lugar próprio da missão.

Ao falar das dioceses, o Concílio usa o termo igreja local. Contudo não há padrão e muitas vezes usam também o termo igreja particular. Mas há uma distinção entre os termos. Este último se refere à diocese e valoriza sua relação com o bispo como parte da igreja universal. Já a igreja local traz em si a dimensão da igreja que é construída no próprio local, sendo mais processual e autônoma em seus processos pastorais. Ao falarmos de igreja local, estamos falando da prática religiosa que se constrói na dinâmica com a realidade local e não de uma diocese enquanto organismo religioso e burocrático. O Concílio está chamando cada bispo a colocar sua diocese em diálogo com a realidade onde ela está.

Uma reflexão do Concílio que pode ser um referencial para a leitura da paróquia como igreja local é sobre o Povo de Deus. Nas produções conciliares, o Povo de Deus precede a hierarquia. Isso não significa que o Concílio queira acabar ou desvalorizar a hierarquia, mas o clero é entendido como serviço prestado ao Povo de Deus. Todos fazemos parte do Povo de Deus, seja os bispos, os agentes de pastoral, os padres, as freiras, ou até mesmo o papa. Ser Igreja é caminhar junto. As funções são diferentes, mas não a importância enquanto cristão.

Talvez a mudança que mais seja próxima das paróquias é a da liturgia. Se antes o mundo todo rezava a missa em latim, agora ela será celebrada na língua de cada região. Era comum as pessoas rezarem o terço e nem prestarem atenção na missa. Isso porque elas não sabiam o que estava acontecendo. Na hora da consagração o coroinha tocava o sino para avisar a todos que aquele era um momento importante. Essa prática ainda continua existindo em muitas comunidades, apesar de a missa não mais ser celebrada em latim.

Outra mudança é a da postura na missa. Antes o padre rezava de costas para o povo, de frente para o altar que ficava colado à parede do templo. As igrejas antigas ainda têm esse altar. Todos estavam voltados para Deus. O Concílio traz o altar para o centro. Todos devem estar reunidos em torno do altar. Essa é uma tentativa de levar as pessoas a experimentarem as comunidades do tempo dos apóstolos, que se reuniam ao redor da mesa, nas casas.

A paróquia no Brasil

O Brasil é um país muito grande e falar de como a paróquia foi implantada em seu território é uma tarefa muito complicada, pois cada região do Brasil tem modos diferentes de viver sua religiosidade e de organizar suas comunidades. Mas, basicamente, o modelo eclesial aqui implantado é o de Trento, que após duras penas foi fortemente estabelecido como padrão e continua vigente até hoje, talvez não como modelo cúltico ou pastoral, mas como modelo de organização institucional. Ou seja, não celebramos nossas missas como eram no período de Trento, mas organizamos nossas paróquias a partir de seu território, assim como Trento a pensou.

No século XVI, haviam muito mais iniciativas de capelas e igrejas pelo interior do Brasil que paróquias com seus vigários e bispos responsáveis. As capelas eram construídas logo que se chegava a uma propriedade, quando também se construía o curral e se dava início às plantações. A capela era construída mesmo que não houvesse padre e as propriedades contavam com a presença de missionários que eventualmente passavam pelas redondezas.

As paróquias foram sendo construídas nas cidades, ainda pequenas se comparadas aos tempos atuais. Elas eram administradas sob o regime do padroado (junção entre a Igreja e o Estado) e obedeciam não apenas a interesses religiosos, mas também civis. Exemplo disso é que até o período da República (1889) não havia casamento civil no Brasil ou mesmo certidão de nascimento. Esses registros eram efetuados pela Igreja.

Com a República (1889) e a separação formal entre igreja e Estado intensifica-se o processo de romanização do clero que buscava formar os seminaristas de acordo com os padrões do Vaticano. Apesar das tentativas da hierarquia de manter o controle dos trabalhos paroquiais, o período que se sucede é marcado por inúmeras iniciativas e organização de religiosidade popular que muitas vezes são paralelas à instituição paroquial. É muito comum no interior brasileiro encontrarmos iniciativas populares de festas religiosas e organizações comunitárias. Isso se deve ao baixo número de padres desse período histórico.

No século XX se intensificam as formas populares de organização de trabalhos eclesiais. Essas iniciativas têm como ápice o Concílio Vaticano II, mas devem ser vistas como um processo. No Brasil as mais variadas iniciativas leigas contam com forte apelo pastoral. Podemos dar como exemplo a Ação Católica, fortemente incentivada pelo papa Pio XI (1922-1939), com o intuito de preparar os leigos para a evangelização do mundo, e na década de 1950, quando se modifica para a Ação Católica Brasileira e sua atuação com as JAC, JEC, JIC, JOC e JUC.

O ideal do Concílio Vaticano II de dialogar com a modernidade não traz mudanças eclesiásticas para a vivência paroquial, mas modifica a relação dos leigos com as estruturas e com a sociedade e, em muitas iniciativas, com muito entusiasmo pelas leituras locais feitas dos textos do Concílio. Há muita influência das conferências de Medellín (1968) e Puebla (1979), com forte apelo de fazer leituras do Vaticano II a partir da realidade sócio eclesial latino-americana. Nesse período muitas paróquias passam a se envolver com iniciativas assistenciais como a manutenção de creches, asilos e muitas intensificam os trabalhos de distribuição de alimentos.

Pudemos ver que a história da paróquia, seja em nível de Brasil, seja em suas raízes europeias, não é linear. O resgate histórico nos possibilita uma melhor reflexão sobre as motivações para um trabalho paroquial, que no Brasil e América Latina tem sido fruto de estudos. Traremos nos itens a seguir algumas reflexões que a Igreja tem feito sobre a realidade paroquial e os desafios próprios do contexto urbano.

O QUE DIZEM OS DOCUMENTOS DA IGREJA NO BRASIL

Os últimos tempos têm sido de muita produção sobre a paróquia, principalmente no que diz respeito às paróquias urbanas. Provavelmente isso aconteça porque as comunidades estão buscando um trabalho mais frutuoso e têm apresentado algumas dificuldades no diálogo com as situações da vida na cidade. Vamos aqui trazer as reflexões apresentadas no Documento de Aparecida (DA), fruto da V Conferência do CELAM (2007), e no Documento 100 da CNBB (2014) que acreditamos que trazem algumas informações importantes para nossa reflexão.

O Documento de Aparecida

A inquietação pastoral mais importante do Documento de Aparecida está relacionada à ideia de que o cristão é chamado a ser um discípulo missionário. É através do discípulo missionário que Deus age na história (DA 20-32). O discípulo missionário está presente em todo o texto do Documento e é a base de sua reflexão pastoral. Segundo o Documento de Aparecida, não se é cristão se não for missionário.

Missionário aqui não significa necessariamente ir para terras distantes para anunciar o Evangelho. É missionário todo aquele que sai de si mesmo e vai ao encontro do outro. É missionário aquele que faz um trabalho no asilo, aquele que assume sua função como catequista e também aquele que vai para terras distantes para anunciar o Evangelho.

O DA entende que a ação da Igreja não acontece unicamente na paróquia. Mas quando nos envolvemos nos trabalhos da paróquia encontramos um ambiente muito fecundo para realizarmos nosso trabalho pastoral. Mas há um problema: existem segundo o DA, dois tipos de paróquia.

O primeiro é a paróquia de manutenção. Essa é a paróquia que se ocupa em garantir que tudo aquilo que existe continue funcionando. E isso é ruim? A princípio não. Precisamos de estruturas para que nosso trabalho se realize. Mas tudo aquilo que a paróquia constrói só é útil se realmente servir para a evangelização. Poderíamos comparar a paróquia a um copo. Ele é importante para que a pessoa o utilize para beber água. Pouco importa, na hora da sede, se o copo é de plástico ou cristal. O que importa mesmo é beber a água refrescante. As paróquias de manutenção estão mais preocupados com o copo que a água. Nestas paróquias os templos são cuidadosamente conservados, os paramentos são belos, tudo na igreja é impecável. Mas de que serve tudo isso se a comunidade não se encontra com Deus?

O outro modelo de paróquia é a missionária. Esta paróquia é aquela que busca utilizar toda a sua estrutura para a evangelização. Nessa paróquia a acolhida é importante. E acolhida não é entregar folheto na porta da igreja, antes da missa. Acolhida significa estar à disposição da população, ter um bom trabalho de exéquias, acolher aqueles que buscam o batizado, ter secretários e secretárias que atendam bem as pessoas, ser espaço onde os jovens e crianças podem conversar. A paróquia missionária é aquela que vai ao encontro das pessoas.

O DA define a paróquia como "lugar privilegiado no qual a maioria dos fiéis tem uma experiência concreta de Cristo e a comunhão eclesial" (DA 170). Ela nos oferece uma boa estrutura para nosso encontro com Jesus e com a comunidade. Mas para isso a comunidade que se reúne deve ser mais valorizada que o templo onde ela se reúne. A Igreja, viva e atuante, pode existir sem a igreja, templo de pedra. Por isso o templo só é importante se serve para o encontro da Igreja, que lá partilha o Pão da Eucaristia, a Palavra e a vida.

O DA também traz em seus escritos o início da tendência que se mostra com frequência na Igreja, de conceber a paróquia como "comunidade de comunidades" (DA 170). Essa ideia quer levar à valorização da comunidade de pessoas ou de pequenas comunidades que buscam viver a religião. Os grupos de rua, de terço, grupos de novena em família são sempre ambientes importantes para o encontro da comunidade.

A pequena comunidade seria menos institucional e mais vivencial, menos preocupada com as burocracias administrativas e mais iniciática. Mas, ainda no DA, essa tendência de uma estrutura administrativa mais branda e de uma paróquia mais vivencial será mencionada ao falar da religião em contexto urbano. O Documento diz que, "particularmente no mundo urbano, é urgente a criação de novas estruturas pastorais, visto que muitas delas nasceram em outras épocas para responder às necessidades rurais" (DA 173). Contudo, o documento não traz alternativas de organização ou instrumentalização dessa nova concepção. As mudanças parecem estar mais na perspectiva de escolhas pastorais e não de organização estrutural.

No que diz respeito à situação da paróquia em contexto urbano, o DA diz que é preciso adaptar-se à linguagem própria da cidade, além de estar se adequando ao ritmo de vida de seus habitantes. As estratégias de trabalho estão relacionadas à adaptação às novas configurações culturais (DA 509-517). Mas na prática eclesial, uma adaptação às linguagens e estilos de vida urbana implica em uma pastoral do evento. O habitante da metrópole busca, mais que uma adesão institucional, momentos celebrativos ou eventos religiosos que sejam compatíveis com seu ritmo de vida, linguagem, horários e percursos.

"Comunidade de comunidades: uma nova paróquia"

O Documento 100 é amplo e não vamos trazer todas as suas reflexões. Traremos alguns aspectos que nos auxiliam no entendimento da paróquia urbana. Assim, procuraremos ocuparmos do entendimento de como o Documento 100 trabalha três aspectos: a relação da Igreja com o local onde ela está, a paróquia em contexto urbano e a questão da territorialidade paroquial.

O contato do cristão católico com a Igreja acontece, convencionalmente, pela paróquia. Não é o único modelo de igreja católica que recebe as pessoas, mas segundo a própria Igreja é o mais convencional. Uma paróquia é o espaço da vivência da comunidade cristã católica. O Documento 100 traz a comunidade como "a Igreja palpável", ou seja, é a Igreja que se concretiza no cotidiano, em contraposição à igreja das estruturas hierárquicas (Doc. 100, p. 7).

No contexto urbano essa característica se diferencia. Como vimos, a paróquia nasce primordialmente para ser presença religiosa em contextos rurais. Quando chega à cidade, utiliza das mesmas estruturas rurais que nem sempre respondem às novas configurações. Preocupada por não conseguir se adaptar ao contexto urbano, diz o Documento 100 que

> É importante perceber a realidade das grandes cidades que crescem acelerada e desordenadamente. As paróquias urbanas não conseguem atender a população que nelas existe. [...] nas grandes cidades, mesmo nas comunidades paroquiais, existe anonimato e solidão. Muitos procuram a Igreja apenas para atender às suas demandas religiosas. Não buscam viver a comunhão nem querem participar de um grupo de cristãos. Por outro lado, há dificuldade de acolher quem chega, especialmente migrantes e novos vizinhos que facilmente caem numa massa anônima e raras vezes são recebidos de forma personalizada nas grandes paróquias. (Doc. 100 17-19)

O Documento fala da importância da vida comunitária mas, ao mesmo tempo diz que nas grandes cidades isso está cada vez mais difícil de acontecer. Pelo ritmo de vida, pelas longas distâncias, pelo trânsito ou outras características, as pessoas deixam de pertencer a uma comunidade. Elas vão apenas à missa e muitas vezes nem na mesma igreja. Muitas vezes as pessoas nem vão na igreja do bairro onde moram. Sobre a territorialidade, o Documento 100 diz:

> A territorialidade é considerada, há séculos, o principal critério para concretizar a experiência eclesial. Esta concepção está ligada a uma realidade mais fixista e estável. Hoje, o território físico não é mais importante que as relações sociais. A transformação do tempo provoca uma nova noção de limites paroquiais, sem delimitação geográfica. Habitar um determinado espaço físico não significa, necessariamente, estabelecer vínculos com aquela realidade geográfica. (Doc. 100, 38)

O espaço urbano não aceita uma organização paroquial prioritariamente territorial. Isso porque esse critério já não faz parte das concepções dos habitantes do meio urbano. O próprio Documento 100 traz pistas de critérios para a adesão comunitária, que podem ser as configurações de tempo e espaço ou os vínculos, sejam eles afetivos ou ideológicos. A participação paroquial em contexto urbano não obedece apenas a tradições familiares ou culturais, mas os interesses do próprio indivíduo que busca aquela igreja que lhe agrada ou que está perto do caminho que faz habitualmente.

As pessoas vão às igrejas que querem e não às igrejas do bairro onde moram. Essa prática, nas grandes cidades, é cada vez mais comum. Isso faz com que as comunidades não contem com um grupo de leigos que assumam a responsabilidade de organizar a comunidade e seus trabalhos. Para um trabalho pastoral que alcance as pessoas é necessário encarar a realidade urbana. Caso contrário as paróquias se tornarão guetos onde poucas pessoas vão. E aqueles que deixam de ir à igreja não vão pois elas não mais dialogam com suas vidas.

A PARÓQUIA URBANA

Quando falamos de uma paróquia tipicamente rural, falamos de uma Igreja que auxilia ativamente na organização da vida da sociedade. O padre exerce grande influência não apenas dentro da Igreja, mas também na sociedade fora dela. As paróquias de interior conseguem auxílio da prefeitura, conseguem participar das festas da cidade, fazem grandes procissões que muitas vezes "param" a idade.

No mundo urbano não é bem assim que acontece. Nele, a religião é apenas mais um elemento na organização da sociedade. O mundo urbano não precisa da Igreja para se compreender e se gerir. Os grupos políticos, culturais, sociais dentre outros também executam a função de auxiliar as pessoas na organização de suas vidas. Não estamos dizendo que a religião não é importante e nem que ela desapareceu. Mas no cenário urbano, se assim a pessoa quiser, consegue viver alheia à religião sem maiores problemas.

Se no mundo rural a visão de mundo é predominantemente religiosa e a Igreja era a grande organizadora da sociedade, no mundo urbano o catolicismo será mais um dos tantos elementos organizadores. A Igreja divide espaço com vários outros elementos. Sendo assim, conseguir, por exemplo, que uma lei municipal ouça a voz da comunidade católica, se torna mais difícil que no mundo rural ou interiorano.

Diante desse novo cenário, o que tem a Igreja a dizer? O que os cidadãos da cidade podem buscar nas paróquias? As pessoas esperam muito mais que assistir a uma missa. Elas querem que a Igreja diga alguma coisa sobre a vida que elas levam nesse cenário. Mas um dos grandes riscos que corre a paróquia em contexto urbano é o de se transformar em uma religião do evento. O evento acontece quando uma pessoa participa de alguma atividade paroquial – geralmente de uma missa – mas não tem envolvimento nenhum com a comunidade. Ela nem mesmo precisa ir à mesma igreja paroquial. Ela vai à igreja que mais lhe interessa ou até à religião que lhe interessa.

O universo urbano carrega consigo a capacidade de transformar a adesão religiosa em um relacionamento de supermercado. Assim o indivíduo metropolitano busca a Igreja conforme tem necessidade. Se nasce alguém ele leva para batizar. Mas em qual igreja? Pode ser em qualquer uma. Talvez a que fique mais próxima de sua casa ou àquela que não peça cursinho de preparação, mas não há envolvimento. Se quer se casar, pode procurar a igreja mais bonita e que oferece melhores serviços. Há paróquias de grandes metrópoles que se adaptaram e oferecem inclusive serviço de *buffet* para casamentos. Não queremos dizer se isso é certo ou errado. Há de se conhecer bem a realidade para emitir uma opinião. Mas essas iniciativas acontecem pelo fato de os habitantes urbanos estabelecerem uma outra relação com a religião.

A Igreja continua presente e até pode ser influente nas esferas sociais. Não faltam iniciativas de trabalhos eclesiais que funcionam bem, ou mesmo que a duras penas, conseguem estabelecer um diálogo com a realidade urbana. Exemplo disso é a iniciativa da *Pastoral com o povo de rua,* coordenada em São Paulo pelo padre Julio Lancelotti, e tantos outros grupos que oferecem alguma assistência aos moradores de rua. Mas ela incide bem menos sobre a vida dos habitantes se comparado às cidades interioranas.

Segundo a linguagem empresarial, determinada empresa precisa efetuar seu trabalho buscando eficiência e eficácia. A eficiência significa saber fazer bem o serviço prestado, executá-lo com competência. A eficácia significa alcançar resultados. Longe de comparar a Igreja com uma empresa, mas ela também precisa buscar estratégias para seu trabalho. No ambiente urbano ela ainda consegue fazer seu trabalho com certa eficiência. Mas a eficácia já não é mais a mesma. Ainda utilizando da linguagem empresarial, a Igreja tem um ótimo produto para oferecer às pessoas: Jesus. Mas não estabelece estratégias que busquem eficácia e conhece pouco os "possíveis compradores" desse produto. No próximo capítulo falaremos sobre quem é o indivíduo urbano e quais são as suas características. Conhecendo-o, poderemos trazer algumas pistas para a ação paroquial urbana.

3
Das pequenas cidades às paróquias urbanas

Quando falamos em paróquias no contexto urbano logo pensamos em seu contraponto: a paróquia em vilarejos e áreas rurais. Podemos pensar em uma pequena cidade que celebra a missa na matriz, que geralmente tem uma bela arquitetura com sua torre que aponta para o céu. O repique dos sinos nos lembra que é hora de louvar a Deus. Após a missa podemos ir à praça onde a banda toca suas músicas e as crianças brincam, muitas vezes com as mãos lambuzadas pelo algodão doce que comeram. Os jovens, que antes foram à missa, vão à praça para, quem sabe, arrumar um namoro. Ou ao falarmos de uma realidade interiorana podemos ainda ter em mente a imagem de igrejas que se encontram vazias pela mudança de seus habitantes para centros urbanos. Esse segundo cenário pode nos causar muita inquietação. Ficamos com a sensação de que erramos em algo que fizemos. Ou ainda pensamos que as pessoas não mais querem escutar aquilo que Deus tem a falar.

Na verdade nem uma coisa nem outra. Não é que as pessoas não queiram mais ouvir aquilo que Deus quer dizer. Muitas vezes são nossas liturgias que não conseguem facilitar o diálogo entre Deus e as pessoas. Às vezes encontramos liturgias lindas, mas que não dizem nada à vida. Ouvimos homilias que explicam detalhadamente tudo aquilo que as leituras apresentam, mas que não conseguem iluminar a vida atual. Há um problema de linguagem entre o povo que vai à missa e a equipe de liturgia.

Por outro lado uma paróquia urbana pode nos remeter a uma igreja em um centro comercial, sempre vazia porque as pessoas estão em correria constante. Trabalhar, enfrentar o transporte público sempre cheio ou o trânsito cansativo são ideias que estão em nossa mente quando falamos das cidades, principalmente das maiores. Este ambiente, aparentemente tão frio, parece não ter lugar para a vivência paroquial.

Mas como diz o dito popular, "nem tanto ao céu, nem tanto ao inferno!". As ideias que trazemos em mente quando falamos de realidades urbanas e rurais são muito extremas e nem sempre a realidade é exatamente como pensamos. Vamos pensar que estes dois extremos se apresentam a partir de inúmeras alternativas e que as cidades podem se caracterizar tanto por traços do rural como do ambiente urbano. Será que uma grande metrópole como São Paulo não traz traços do rural em sua religiosidade? As procissões podem ser um exemplo disso. É claro que em São Paulo elas são cada vez menos comuns, mas existem principalmente nos bairros mais periféricos. Por outro lado paróquias de ambiente interiorano podem trazer alguns problemas que seriam aparentemente típicos dos grandes centros urbanos como a individualidade de seus participantes.

Mas se enxergarmos o rural e o urbano apenas pelos seus opostos corremos o risco de criarmos ideias caricaturadas e que pouco dizem sobre a realidade paroquial que vivemos. Como as caricaturas feitas pelos desenhistas, elas são exageradas. Não querem retratar fielmente a realidade vista. Ao fazer uma caricatura, o artista exagera nos defeitos ou nos traços mais marcantes da feição daquele que está sendo retratado no desenho. Assim, quem tem um nariz um pouco maior, na caricatura terá um nariz enorme! A caricatura é legal, mas aqui não nos serve. Para não exagerarmos em alguns aspectos precisamos entender melhor como se concretizam estas duas realidades: o rural e o urbano.

MELHORANDO O ENTENDIMENTO

Vamos assumir que haja entre o ambiente rural e o urbano uma gradação. Parecem duas posturas opostas, mas na prática elas se misturam. Dificilmente encontraremos uma pessoa que seja totalmente rural. Ela pode ter todos os hábitos de um mundo rural mas assiste TV com todas as suas propagandas, característica tipicamente urbana.

Também podemos encontrar aquele habitante de uma grande metrópole que pode ser tipicamente urbano, mas que às vezes consome refeições caseiras ou consome produtos de pequenos produtores. Sendo assim qualquer cidade, por maior ou menor que seja, terá características rurais e características urbanas. Buscaremos entender essas duas características sabendo desde já que, no mundo concreto, elas se misturam.

O mundo interiorano

O mundo rural tem uma organização mais estável e delimitada. Seus habitantes têm a vida bastante organizada pelos afazeres do campo. Assim é preciso acordar, cuidar das criações dando alimento aos animais, ordenhar as vacas, o que acontece bem cedo, ir à lavoura entre tantos afazeres que fazem parte da vida no campo. Geralmente pouco se vai à cidade. Isso acontece no início do mês, quando os mais idosos vão buscar a aposentadoria no banco e aproveitam para comprar algumas coisas que não produzem ou mesmo os remédios de uso diário.

Nesse ambiente o tempo parece ser mais lento. Consequentemente ele pode ser aproveitado para um maior número de afazeres. Talvez isso aconteça por não haver muito com o que se distrair. São poucas as opções de entretenimento. Pouco se assiste televisão e a companhia das mulheres em seus afazeres domésticos ou dos homens na labuta da roça pode ser um rádio de pilha que capta as ondas em AM.

Também as funções sociais e familiares são bem definidas no universo rural. O homem tem a função de sustentar a vida familiar. Ele cuida da roça. As mulheres cuidam da casa. É claro que não faltam exemplos de mulheres que têm um vigor invejável. Trabalham como poucos habitantes da cidade conseguiriam. Mas o importante aqui é nos atermos ao fato de que no universo rural, as funções sociais são bem estabelecidas. A família é hierarquizada. Aos pais se chama por senhor ou senhora. Não se questiona uma decisão tomada por eles. Uma autoridade deve sempre ser respeitada, tenha ela razão ou não.

Em consequência da hierarquização da sociedade rural, também a religião é hierarquizada. Nas pequenas cidades o padre é autoridade máxima. Ao longo da história pudemos ver muitos padres que mandavam mais que os prefeitos das cidades. Com suas batinas pretas andavam pelas pacatas ruas e eram conhecidos, e às vezes até temidos, pelas pessoas. Quando se tinha algum problema, recorria-se ao padre. Quando alguém nascia, também levava-se ao padre para batizar. Assim os momentos da vida, sejam eles quais fossem, eram celebrados na igreja. As missas de formatura, a missa de debutante, a celebração do casamento e até a missa de corpo presente, são práticas que acontecem cotidianamente nas cidades mais interioranas.

Se a Igreja organizava a vida social das cidades interioranas, também exercia autoridade moral sobre seus habitantes. Lembramos que moral é o comportamento aceito por determinada sociedade. Nas cidades interioranas a moral é mais rígida. Nos tempos mais antigos os namorados não se davam as mãos. Sexo antes do casamento: impensável! Uma gravidez antes do casamento seria motivo para uma vergonha pública e muitas vezes precisava ser escondida. Quando alguém se deparava com alguma situação e não sabia o que fazer, o padre era a instância máxima de decisão. O peso que as regras e as normas morais exercem sobre os habitantes da sociedade rural é maior.

Em contrapartida as relações nas cidades rurais e interioranas são mais duradouras. As pessoas se conhecem pelo nome. Os habitantes das pequenas cidades têm a companhia uns dos outros. É muito comum encontrarmos as pessoas sentadas nas calçadas conversando. Os meninos jogam bola nas ruas que têm pouco movimento de carros. A abundância dos pés de fruta possibilita que as brincadeiras aconteçam enquanto se chupa manga embaixo do pé. Muitas vezes o excesso de frutos possibilita um verdadeiro arsenal de mangas podres que se transformam em uma guerra entre os moleques.

No universo interiorano as relações comunitárias são importantes. Há as festas familiares e seus habitantes fazem questão de participar das festas religiosas. No interior, em pequenas cidades, encontramos as grandes festas populares religiosas que atraem muitas pessoas e até verdadeiras multidões. Também a Semana Santa e as festas de padroeiros acontecem como grandes momentos comunitários e agregam as famílias locais.

A religiosidade interiorana é mais institucionalizada. Ela se organiza no entorno da Igreja e de seus costumes. As procissões são grandes exemplos de manifestações populares. Os moradores não reclamam de terem a entrada de suas casas impedida pelos caminhantes. Pelo contrário, fazem questão de trazer de dentro de suas casas a mais bonita imagem de seu santo protetor e a expõem enfeitada, para a procissão que passa.

Em um cenário assim as tradições são valorizadas. Lembro-me que numa pequena cidade do interior de São Paulo, na ocasião da festa da padroeira, todas as imagens da igreja saiam em procissão, mesmo as menores. Cada família era responsável por uma imagem, que geralmente era a mesma a cada ano. Com a chegada de um novo padre, que acreditava que aquilo era desnecessário, tentou-se que saísse apenas a imagem da padroeira da paróquia. Criou-se uma verdadeira celeuma entre os moradores e o padre.

Os habitantes das pequenas cidades valorizam os costumes religiosos. São esses costumes que organizam a vida social. Sendo assim, também a catequese tem papel fundamental. Ela educa as crianças e os jovens para a vida social e religiosa da sociedade local. As cidades mais interioranas se organizam em um período muito maior de catequese. A preparação para a Eucaristia acontece, geralmente, em quatro anos. A Crisma em mais dois ou até três. Não é necessário organizar catequese de perseverança. Os jovens não "fogem" da Igreja.

Quanto mais interiorana for a paróquia, mais características próximas das que aqui elencamos ela terá. Quanto mais metropolitana, menor será o número de elementos. O importante é percebermos que esse modelo paroquial funcionou por muito tempo. Ele conseguia ser eficiente e eficaz. Mas por que hoje não é mais? Vamos entender quais as mudanças que a urbanização trouxe para a vida das pessoas e consequentemente poderemos entender como a religião foi se transformando no contexto da cidade.

A sociedade urbana

Para pensarmos a cidade temos que fazer um pequeno recuo histórico. A cidade que conhecemos hoje e que se faz presente no Brasil é a cidade que teve início com o processo de industrialização. É claro que esse processo não começa no Brasil. A Revolução Industrial acontece primeiramente na Inglaterra quando, nos séculos XVIII e XIX, criam-se máquinas a vapor que conseguem fazer com que o trabalho, que antes era manual, aconteça mais rápido. As primeiras máquinas a serem utilizadas são as de tecelagem. Isso tem um impacto muito grande na vida das pessoas que, seduzidas pela possibilidade de ganhar dinheiro, saem da área rural e começam a habitar as cidades.

A grande diferença do processo de industrialização se dá pelo excedente. O trabalhador passa a produzir muito mais que aquilo que precisa consumir. Essa sobra dará origem às cidades possibilitando que se venda a produção. Consequentemente o processo de industrialização trará impacto também nas pequenas cidades que passarão a consumir muito mais produtos industrializados. Assim, um habitante da zona rural próxima de Belém, irá preferir consumir açaí comprado, mesmo que em seu quintal haja vários açaizeiros. É mais fácil comprar o produto já pronto. É muito complicado subir no pé de açaí, colher seus frutos e prepará-los para o consumo.

Grande foi o impacto desse processo na vida das pessoas. Se antes elas plantavam e criavam os animais que serviriam de alimento, agora esses produtos serão comprados.

Não há na cidade abundância de espaço nem mesmo infraestrutura para acolher seus novos habitantes. No Brasil esse processo de industrialização e seus impactos sociais demoraram a chegar. Mas quando chegam acontecem com muita força. Um exemplo é a cidade de São Paulo. Até aproximadamente o ano 1950 a cidade de São Paulo era relativamente pequena. Vivia sobretudo do plantio de café. Com o processo de industrialização, que aconteceu depois de 1950, há um grande êxodo de pessoas, sobretudo do nordeste do Brasil, que irão habitar a cidade paulistana.

Bairros como o Pari e a Mooca são exemplos disso. Até os anos 50 são zonas desabitadas, praticamente rurais. Lá o leiteiro vendia, ainda em vasilhames de vidro, o leite que ele mesmo havia ordenhado de suas vacas. Com a industrialização e as propostas de saneamento e saúde pública, tais práticas serão proibidas. A cidade começa a crescer e a se organizar de forma mais impessoal.

O número de habitantes faz com que o território urbano se expanda. Nem sempre é possível trabalhar próximo de onde se mora. Muitas vezes o preço dos imóveis é alto. Não há mais como viver da plantação que antes estava no quintal. Nas grandes cidades o tempo se torna valioso. As distâncias a se percorrer são longas e os traslados custosos. Se uma pessoa sai para trabalhar, ao chegar em casa, no final do dia, é preciso pensar na marmita do dia seguinte. Não há tempo a se perder. Ao chegar em casa dificilmente essa pessoa terá disposição para algum outro afazer. Se alguém vai comprar pão para o café da manhã, ou ele compra no dia anterior, ou compra pão de forma no supermercado.

Assim o mundo urbano é marcado pela impessoalidade. A companhia se torna a televisão ou os aparelhos digitais. As conversas dão lugar aos contatos das redes sociais. A relação que antes era lenta e duradoura agora é rápida e instantânea. Ao mandar uma mensagem a alguém, o habitante da metrópole não tem paciência de esperar a resposta. Cinco minutos se tornam uma eternidade. Por outro lado, o envolvimento com as pessoas se limita a um comentário da rede social ou uma troca de mensagens pelo aparelho celular. Se no interior as pessoas sentavam na calçada, pela noite, para conversar, no mundo urbano essa conversa acontece por meio de redes sociais.

Na cidade as pessoas não produzem, elas têm emprego. A grande diferença é que ela é parte de um processo de produção que é muito maior que o trabalho de uma pessoa. Se no interior todos os habitantes da pequena cidade levam seus sapatos para o "Zé sapateiro", numa cidade grande você pode caminhar horas e não encontrar uma única pessoa que preste esse serviço. É claro que existem sapateiros nas metrópoles, contudo chegamos a uma outra característica das grandes cidades: seus habitantes são anônimos.

A interação entre as pessoas nas grandes cidades é muito pequena. Em uma grande cidade é possível viver solitário mesmo que em meio à multidão. As pessoas podem frequentar a praça de alimentação de um shopping lotado e não desfrutar da companhia umas das outras na hora da refeição. É bem possível que os habitantes das grandes cidades não saibam sequer o nome de seus vizinhos e nem mesmo nem os conheçam. Quanto maior uma cidade maior é o anonimato de seus habitantes.

Se os habitantes das metrópoles não se conhecem, pequena também será a influência que exercem nas vidas uns dos outros. Assim a influência da sociedade sobre a vida dos habitantes das grandes cidades também é menor. Se em uma pequena cidade a pessoa se preocupa com sua reputação, no ambiente metropolitano ela é aparentemente livre para construir sua vida. Há uma ideia de liberdade que habita o universo metropolitano. Surgem grupos – também chamados de tribos urbanas – que se caracterizam de maneira própria. Há uma flexibilização maior das regras morais. Consequentemente a religião exerce menor influência sobre os habitantes.

Se antes o padre era um ilustre cidadão, na metrópole nem mesmo ele é conhecido. Os centros urbanos sofrem com o avanço dos comércios. E quanto maior é a presença dos estabelecimentos comerciais, menor é a presença de moradores nessas regiões. Sendo assim, em algumas regiões urbanas os padres são pessoas que atendem aqueles que não moram no território de sua paróquia, mas trabalham em suas redondezas.

As pessoas entram na igreja, mas são anônimas. As tradições são pouco valorizadas. Práticas devocionais que em tempos passados eram eficientes trabalhos pastorais hoje não agregam grande número de adeptos. Trabalhar com essa situação se mostra um verdadeiro desafio para uma Igreja acostumada com a hegemonia religiosa das sociedades interioranas. Entender tais mudanças implica em uma conversão pastoral. Na cidade, a Igreja não é o elemento organizador da vida das pessoas, mas se torna mais um dentre os tantos elementos e se mistura em um cenário cada vez menos organizado e cada vez mais conflitivo.

NA GRANDE CIDADE TUDO SE MISTURA

A cidade grande se apresenta como uma situação muito nova, principalmente se tomarmos como referência o Brasil. Mesmo as grandes cidades como São Paulo, Rio de Janeiro ou Belo Horizonte, até trinta ou quarenta anos atrás, eram bem diferentes dos grandes aglomerados urbanos que hoje constituem esses centros urbanos. As cidades tinham menos elementos e era menor e mais lenta a mistura entre os mais variados elementos culturais. Se nas pequenas cidades encontrávamos vários elementos culturais como comidas típicas, danças e festas, nas grandes cidades estes elementos são mais numerosos.

A antropologia e a sociologia da cidade trazem um importante critério para abordar a relação dos elementos culturais. As culturas metropolitanas ou urbanas se caracterizam por intensificarem seus hibridismos. A palavra hibridismo vem da genética e fala da mistura entre os genes dando origem a uma nova situação. É o exemplo de um animal de uma cor que, ao procriar com outro de uma outra cor, dá origem a um animal malhado ou de uma terceira cor. O animal originado da mistura é considerado um híbrido. Assim o hibridismo social se dá pela mistura de várias culturas e estilos de vida.

Nenhuma cultura está isolada. Também no ambiente rural ou interiorano há hibridismos. Mas na cidade esses hibridismos se intensificam e acontecem com maior rapidez. A música caipira, na cidade, se mistura com outras tendências e dá origem ao sertanejo universitário. O samba também vai se modificando e se transforma em pagode. A mistura da arte com as questões sociais faz acontecer o Hip Hop como produção artística da periferia das grandes cidades.

Contudo há dois elementos que passam a fazer parte desse processo de misturas que devem ser considerados: o consumo e a internet. Além de transformarem o modo de vida dos habitantes urbanos, eles transformarão também a maneira como as pessoas vivem sua religião.

Se por um lado o consumo facilita em muito a vida dos habitantes da cidade, por outro faz com que eles se afastem dos hábitos mais tradicionais. Se não há tempo para cozinhar, as redes de *fast food* oferecem comida rápida e sempre à mão. Se for preciso, as empresas efetuam a entrega no local onde a pessoa está, com promessa de muitas vezes "ser em meia hora". Não há mais tempo para fazer o frango com polenta da avó. Para cozinhar a polenta é necessário tempo e paciência. É mais fácil comprar pronto. A tradição dá lugar ao consumo daquilo que é imediato. Consequentemente é menor o envolvimento dos habitantes das grandes cidades com os vários processos que fazem parte da vida cotidiana. Nos centros urbanos as tradições se perdem com mais facilidade. Do mesmo modo as produções culturais são influenciadas pela internet. Tudo ganha a capacidade de ser virtual. Posso pedir a comida por um aplicativo de celular. Posso ver o que está acontecendo em um outro lugar do mundo por um aparelho que se encontra na palma da minha mão. Mas também não participo dos processos de construção. Não há envolvimento. Tudo é superficial.

Não se trata aqui de dizer que aquilo que acontece no universo urbano seja ruim. Mas é preciso entender que a sociedade está mudando e seria ingenuidade acreditarmos que essas mudanças não influenciam a maneira como as pessoas se relacionam com a religião. Também não se trata de dizer que tudo o que foi feito no passado é ruim e que não serve para a evangelização nos centros urbanos. Mas se trata sobretudo de termos uma coerência e abertura pastoral para percebermos que algumas estratégias de trabalho, que eram eficazes no universo rural ou interiorano, não funcionam mais nas cidades. Buscaremos retomar algumas características básicas sobre a paróquia para depois entendermos qual sua função na Igreja urbana.

Todas essas mudanças geram um novo indivíduo. Não podemos acreditar que todas as mudanças continuariam formando as mesmas pessoas que viviam nas cidades rurais. Vamos agora buscar entender esse novo tipo de sujeito, que formará um novo sujeito religioso.

4
Vivendo na grande cidade

Viver hoje em uma grande cidade modifica muito as pessoas. As grandes cidades têm um ritmo de vida intenso e por isso, as paróquias nas grandes cidades também têm um ritmo diferente. Muitos párocos e agentes de pastoral ainda procuram as melhores formas de se ajustar a esse ritmo e andam buscado novas estratégias de trabalho. Mesmo nos contextos urbanos, há décadas, as paróquias seguiam modelos rurais e interioranos. É apenas na segunda metade do século XX que as cidades intensificam seus processos de urbanização. Portanto as paróquias com mais de 50 anos, provavelmente, foram fundadas em um contexto bem diferente do que temos hoje.

As informações que traremos neste capítulo são fruto de uma pesquisa feita na cidade de São Paulo. Acompanhamos um grupo de catequese de adultos em uma paróquia de um bairro comercial. Também acompanhamos as celebrações e algumas outras atividades da paróquia bem como a rotina do bairro. Assim pudemos entender o que aquelas pessoas buscavam na paróquia e o qual a relação que a comunidade paroquial estabelece com a vida que acontece no bairro. Pudemos perceber que as duas maiores influências no processo de urbanização da cidade se dá pelo hibridismo cultural e pelo processo de globalização. Essa nova sociedade constrói um novo sujeito que não mais segue à risca as instruções das instituições. Chamaremos essa situação de crise das instituições. Em contraponto, há uma valorização do indivíduo que passa a ser critério para suas próprias escolhas. Ao buscar a religião, ele não mais quer um conjunto de instruções ou um projeto de vida, mas busca a satisfação e o bem-estar.

O HIBRIDISMO URBANO

Como já dissemos, uso da palavra hibridismo vem da genética. O monge agostiniano Mendel busca entender os cruzamentos genéticos: quando dois genes distintos, ao se cruzarem, dão origem a uma terceira espécie. Depois esse termo será levado para a antropologia, principalmente para descrever o processo de cruzamentos e intercâmbio cultural. Toda cultura passa a ser entendida como híbrida pois toda cultura é resultado de inúmeros intercâmbios culturais. Assim o japonês que comia sashimi em Tóquio, ao se encontrar com a cultura do *fast food*, passa a comer nas temakerias que juntaram as duas coisas. O mundo em que vivemos mistura incansavelmente as culturas e os produtos culturais.

Toda sociedade é híbrida. Isso significa que elas estão em constantes transformações e estabelecem trocas de elementos culturais. Nas cidades interioranas esses processos híbridos eram menores e menos intensos. Mas eles já existiam. Não seria o caipira brasileiro uma mistura de vários elementos culturais e seu modo de falar herdado dos imigrantes italianos?

No ambiente urbano esses processos de trocas culturais se intensificam. E uma das maiores influências acontece pelo processo de comercialização. A cultura passa a ser comercializada.

Podemos entender que esse hibridismo traz também algumas características que chegam à arquitetura da cidade. As igrejas, que antes ocupavam os centros das cidades e eram rodeadas pelas casas, agora são rodeadas por comércios. Os novos bairros já não mais reservam local privilegiado para a construção dos templos católicos. Muitas vezes esses templos são construídos em locais de pouca visibilidade e em pequenos terrenos. As grandes praças que rodeavam as igrejas antigas são cada vez mais raras. Se antes os templos católicos ocupavam lugar de destaque na arquitetura das cidades, hoje eles são mais um dentre tantos elementos que se misturam – ou se hidridizam – no cenário urbano.

Quanto maior a cidade, mais esvaziadas de moradia são as regiões centrais. Os moradores passam a frequentar o centro para compras ou serviços burocráticos. As igrejas dessas regiões passam a atender também a esse público.

É cada vez mais comum as igrejas que oferecem missa no horário de almoço. Essas celebrações não se destinam primeiramente à comunidade residente no território paroquial, mas às pessoas que trabalham ou frequentam a região.

Esse hibridismo faz com que as pessoas não busquem a paróquia por uma pertença territorial. Antes elas buscam uma igreja que facilite sua vida, seja por estar perto do percurso para o trabalho ou por estar perto, por exemplo, da escola dos filhos. Muitas vezes as praças se transformam em ponto de referência para o encontro entre jovens ou como local de alimentação das pessoas que passam por esses espaços.

Paróquias da cidade de São Paulo se preocupam com uma situação que se faz presente em muitas outras cidades. Em suas praças há grande presença de jovens que não querem frequentar os templos. Como essas paróquias podem estabelecer algum diálogo com as pessoas que cercam seu entorno mas que não sente afinidade com o ambiente religioso? Esses jovens que muitas vezes usam as praças para o consumo de álcool e drogas são exemplo de uma situação que pode se repetir com outros grupos. Moradores de rua, comerciantes das regiões centrais das cidades, estudantes de escolas e até mesmo prostitutas podem frequentar o entorno dos templos católicos.

Essa nova configuração social e geográfica faz com que a paróquia seja desafiada a novos relacionamentos e novas posturas pastorais. Diante de um novo espaço urbano a paróquia não pode se comportar como se estivesse em um gueto ou em uma tentativa de negar esse processo que transforma tanto o bairro como a própria comunidade cristã.

PARÓQUIAS GLOBALIZADAS?

A sociedade urbana vive fortes impactos dos modelos globalizados. Podemos perceber os impactos da globalização sobretudo pelos meios de comunicação de massa e pelas relações de consumo. Ambas trazem modelos globalizados. As notícias que saem na internet possibilitam ao indivíduo saber dos acontecimentos do Oriente Médio, dos EUA ou do Japão. Mas o problema é que talvez ele não fique sabendo das notícias de seu bairro ou da rua de trás de sua casa. Os modelos globais também se fazem presentes nas relações de consumo. As roupas usadas pelos habitantes seguem padrões mundiais. Os hábitos locais se perdem ou se limitam a festas que assumem características folclóricas.

É importante percebermos que a globalização é um processo abstrato. Ela se materializa a medida que influencia nos processos históricos, o que se torna mais evidente por meio dos produtos que transmitem um padrão de vida, de comportamento ou de consumo. As músicas que a pessoa escuta em seu *Smartphone* transmitem o comportamento de seus cantores, suas roupas e seu padrão de vida.

Não podemos pensar que esses modelos globalizados não chegam às comunidades eclesiais. Também as paróquias enfrentam os desafios próprios da globalização. Assim o padre que aparece na TV pode ser, em algum momento, comparado ao pároco local. Também as bandas de determinada paróquia buscam seguir as tendências dos grandes canais católicos. Isso não seria necessariamente ruim. Gostamos de assumir exemplos que mostram eficiência e sucesso. Contudo é inegável que, seja os padres da TV ou as bandas que lançam seus CDs e DVDs, têm uma estrutura financeira e equipamentos que não fazem parte da vida paroquial, mesmo das mais bem sucedidas financeiramente.

Outra reflexão que é pertinente quando falamos de modelos globalizados é sobre a própria estrutura paroquial. As paróquias têm a mesma estrutura. Isso em partes auxilia na administração dos párocos e conselhos comunitários. Por outro, em contexto urbano, há menos condições de iniciativas pastorais que busquem um diálogo com as situações próprias desse contexto. Se por um lado o pároco deve se ocupar dos relatórios solicitados pela Cúria diocesana que busca saber o número de sacramentos ministrados, por outro lado o indivíduo que busca os serviços paroquiais não está preocupado em se inserir em tais modelos. Os modelos globalizados auxiliam no sentido que oferecem parâmetros para a organização eclesial. Mas à medida que a paróquia se ocupa da adequação ao modelo estabelecido, pode perder a capacidade de diálogo com a realidade urbana local.

O urbano apresenta um novo indivíduo, mais autônomo, menos influenciado pelas instituições sociais e que busca a satisfação. Esse indivíduo gera um impacto na pastoral paroquial. Buscaremos primeiramente entendê-lo para depois traçarmos algumas linhas de ação para a pastoral paroquial urbana.

O INDIVÍDUO URBANO

As cidades trazem consigo um novo indivíduo. Será muito importante entendermos quem é o indivíduo urbano pois ele também transformará o indivíduo religioso. Se na cidade rural ou interiorana a religião exerce maior influência sobre o indivíduo, no contexto urbano ou metropolitano é o indivíduo que exerce seu poder de escolher aquilo que quer fazer.

Para o sociólogo Alain Touraine podemos diferenciar o indivíduo do sujeito. O indivíduo seria uma categoria de conhecimento. É uma categoria que nos auxilia no conhecimento da sociedade. Ou olhamos para a realidade na perspectiva do conjunto ou grupo de pessoas ou olhamos na perspectiva do indivíduo. O indivíduo não tem nome, idade, sexo ou classe social. É aquele que está no meio da multidão. O sujeito se caracteriza pela vontade de um indivíduo de ser reconhecido como ator social. Ele quer atuar na sociedade. E essa ideia será muito importante para pensarmos em uma paróquia que dialogue com a realidade urbana.

Se o indivíduo não participa ativamente da construção social, ele passa a se relacionar com a sociedade nos moldes de um consumidor. Ele consome produtos, roupas, cultura e também religião. O indivíduo urbano tem menor envolvimento com qualquer forma de organização social. Isso fica evidente na escassez de catequistas e agentes de pastoral nas paróquias urbanas. Muitas também têm dificuldade de formar bandas ou grupos de canto para a missa e há caso de instrumentistas que são remunerados por seus trabalhos comunitários. Não julgaremos se tal situação é correta ou não, mas há um sintoma de falta de voluntariado por parte dos integrantes da paróquia, seja por falta de tempo, seja por uma postura mais individualizada.

Mas o anonimato incomoda as pessoas. Elas querem ser notadas. Mesmo nas grandes cidades as pessoas ficam satisfeitas ao serem reconhecidas pelos líderes religiosos. Mas se em uma paróquia do interior o padre conhece as famílias e seus paroquianos, em uma cidade maior essa situação não é tão evidente. O grande desafio é fazer com que as pessoas saiam do anonimato e se tornem verdadeiros sujeitos dentro das paróquias, atuando a participando dos processos de evangelização.

Os jovens buscam participar dos eventos realizados pela Igreja. Esses eventos não precisam ser grandes. Qualquer atividade que saia da rotina se torna um evento. É muito comum as paróquias fazerem as chamadas "baladinhas", em outros lugares também chamadas de cristotecas. São eventos de música de estilo gospel que contam também com missa e momento de adoração. Durante os shows há venda de comida como salgados e pastéis e refrigerantes. Nesses eventos não há consumo de bebidas alcoólicas. As paróquias substituem o trabalho convencional de catequese e pastorais pelos eventos religiosos que conseguem atrair principalmente os jovens.

Os eventos maiores também chamam as pessoas para a participação. A Jornada Mundial da Juventude, que em 2013 aconteceu no Rio de Janeiro, contou com grande participação não apenas da juventude mas de muitos membros das comunidades. Mas esses eventos, apesar de serem importantes, não podem ser repetidos constantemente por causa de seus custos.

ENTRE O INDIVÍDUO E A INSTITUIÇÃO

Desde a modernidade quatro instituições gerenciam a sociedade: o Estado, a escola, a família e a Igreja. Se antes era unicamente a Igreja que, juntamente com os reis, organizavam as sociedades, com a modernidade essa função foi transmitia às instituições. Mas os tempos atuais mostram que essa liderança está em crise. É comum ouvirmos que a escola não cumpre sua função de educar, que muitos casais não conseguem exercer autoridade sobre seus filhos e principalmente no Brasil não faltam exemplos de políticos que perderam a credibilidade. E a Igreja – e aqui não colocaremos apenas o catolicismo mas todas as instituições religiosas – não exerce a mesma autoridade sobre as pessoas.

Se nas sociedades tradicionais as instituições exercem grande influência sobre a vida de seus habitantes e sobre a organização social, na vida urbana essa influência se dilui. Se antes o padre era escutado pelas pessoas para a resolução de qualquer problema, nos tempos atuais os problemas são delegados aos profissionais das várias áreas. Psicólogos, médicos ou psicopedagogos passam a exercer papéis de maior relevância na vida das pessoas.

Mas por que as pessoas vão à Igreja? Geralmente elas vão quando elas precisam de algo e a Igreja tem como lhes ajudar. É muito comum as paróquias celebrarem as missas de cura e libertação, as missas votivas e a busca de bênçãos. Menos pessoas recebem os sacramentos. Nasce menos gente? Os dados mostram que não. O que acontece é que antes as pessoas buscavam os sacramentos como um rito social. Hoje elas buscam por convicção religiosa. É claro que o rito social ainda acontece, mas em menor escala e intensidade.

No cenário urbano também há certa concorrência entre as próprias paróquias. Se as pequenas cidades contavam com um único padre, as maiores cidades contam com um número maior de sacerdotes. Na prática isso possibilita aos fiéis que escolham o padre que mais lhe agrada, seja pela simpatia, pelo discurso que mais se aproxima dos interesses dos fiéis ou simplesmente por ser mais acessível. O padre saiu da postura de segurança que antes fazia parte de sua função. A concorrência, seja entre as paróquias, seja com as outras igrejas, faz com que os padres busquem estratégias para atrair os fiéis ou se acostumem com as igrejas cada vez mais vazias.

As pastorais sociais perdem sua intensidade e executam suas atividades à margem das paróquias. Ganham força as atividades voltadas ao indivíduo. Na mídia católica há uma predominância de temas subjetivos e são raros os assuntos de cunho social. Depressão, autoestima e cuidado pessoal são temas cada vez mais comuns. As canções pouco falam de comunidade ou sociedade. Mesmo a Campanha da Fraternidade perdeu seu vigor na abordagem de assuntos que dizem respeito à vida urbana. Há uma indicação da CNBB – liturgicamente válida por sinal – de que os cantos das missas quaresmais não sejam os da CF mas do tempo da quaresma, visando sobretudo a conversão pessoal e interior.

Há um movimento subjetivo que toma conta das atividades paroquiais urbanas. O discurso das paróquias se volta cada vez mais ao "eu" e não ao "nós". A comunidade foi, aos poucos, perdendo seu sentido de ser para as pessoas que frequentam as paróquias urbanas. Se um padre fala muito do social ou pede compromisso comunitário, corre o risco de ter sua igreja esvaziada. Mas se ele fala da cura interior, seus adeptos aumentam. Isso é reflexo de uma população formada por indivíduos que se voltam cada vez mais a si mesmos buscando a satisfação.

ENTRE O DEVER E O BEM-ESTAR

Muitos adultos de hoje, quando eram crianças foram educados a obedecerem regras porque isso era importante. As regras não precisavam ter sentido. Era comum um pai ou mãe falar que o filho devia obedecer e pronto. Hoje as crianças logo perguntam o porquê de tal regra, e só obedecem se conseguem enxergar algum sentido nela.

Com as regras religiosas acontece o mesmo. As regras não são ruins. Precisamos de regras para organizar nossa vida. Mas é comum para as novas gerações obedecer somente a suas próprias regras.

Se nas comunidades rurais ou interioranas as pessoas obedeciam ao padre, nos centros urbanos muitas vezes os líderes religiosos são ignorados. É comum encontrarmos jovens que não enxergam problema algum em ter uma vida sexualmente ativa e mesmo assim se sentem católicos. Também é comum encontrarmos jovens que utilizam preservativos ou mesmo casais que fazem uso de métodos contraceptivos. É importante falarmos que não se trata de ser certo ou errado. Estamos falando aquilo que acontece.

O filósofo Gilles Lipovetsky, ao analisar a sociedade atual, fala que o dever deixou de existir. As pessoas não mais se seguem pelo dever, mas pelo bem-estar. Isso não significa que elas sejam contra as regras. Mas elas seguem as regras em que acreditam. Se no passado os casais celebravam as bodas de ouro, hoje muitos casamentos duram pouco. Isso porque as pessoas apenas continuam casadas se essa relação lhes traz bem-estar.

Esse modo de ser influencia muito a maneira como as pessoas se relacionam com a religião. Vemos uma tendência: é possível crer sem pertencer. A pessoa se sente católica, frequenta as missas, muitas vezes inclusive as pastorais e movimentos da Igreja, mas formula suas próprias leis morais. A socióloga Hervieu-Léger chama esse processo de bricolagem. A pessoa monta sua própria conduta religiosa assumindo do discurso e orientações católicas as situações que mais lhe agradam. Assim encontramos catequistas que comungam semanalmente e também semanalmente frequentam o Centro Espírita para "tomar passe". E se segundo os princípios da Igreja existem muitos conflitos teológicos, na cabeça dessa pessoa a ressurreição e a reencarnação são realidades muito parecidas.

Assim, na concepção do cidadão urbano, é possível ser a favor do aborto e ser católico, ter relações sexuais com o namorado, fazer uso de métodos contraceptivos, ser a favor da pena de morte e mesmo assim ser católico. Não há a concepção de assimilar todas as orientações da Igreja.

Até aqui buscamos entender o universo urbano. É como se estivéssemos tirando um retrato ou pintando um quadro. Buscamos olhar cada detalhe e entender cada elemento que forma esse cenário. Sem esta pesquisa não conseguiríamos adentrar no ambiente paroquial urbano. Agora pensaremos em uma paróquia que consiga dialogar com o ambiente urbano buscando eficiência e eficácia.

A paróquia precisa pensar seus trabalhos pastorais com eficiência e eficácia. No ambiente interiorano a pastoral paroquial é predominantemente sacramental. A eficácia é o número de pessoas que foram batizadas, crismadas ou receberam a eucaristia. A eficiência é a liturgia e o próprio ambiente paroquial. Os resultados eram alcançados pois todos os fatores ajudavam: ambiente, indivíduo propenso a ser catequizado e liderança religiosa que conta com o reconhecimento da sociedade. O ambiente urbano não é de todo propício à evangelização paroquial. No próximo capítulo buscaremos apontar alguns critérios que podem alcançar certa eficácia no ambiente urbano.

5

Paróquias Urbanas

Até aqui percorremos um caminho que nos ajuda a entender como pode se organizar uma paróquia urbana. E isso só é possível por entendermos que a fé cristã é compromisso assumido comunitariamente. Assim a comunidade e a adesão a Jesus nasceram juntas e não devem ser separadas. Também olhamos para a história para percebermos como a comunidade se paroquializou. As paróquias nasceram para atender as comunidades rurais que surgem ao redor das cidades. Com o tempo – e não foi um curto tempo – elas se tornaram a organização básica da Igreja.

Chegamos ao mundo urbano e percebemos que a ideia de urbano e rural ou de interior e cidade só podem ser entendidas separadamente na teoria. Na prática as cidades têm características urbanas e rurais, interioranas e metropolitanas e apresentam algumas características que se tornam mais evidentes que as outras. Por isso mesmo falar de uma paróquia totalmente urbana ou totalmente rural seria um erro. As paróquias têm características urbanas ou rurais e algumas podem se sobressair às outras.

Por fim buscamos entender o ambiente urbano e seus habitantes. O ambiente urbano é marcado pela mistura de culturas e elementos culturais. Chamamos esse processo de hibridismo. Ele também apresenta uma forte marca dos processos de globalização que em muito influenciam a participação religiosa de seus habitantes que se tornou mais midiática e menos comunitária.

O habitante urbano apresenta uma maior valorização de si próprio. Os processos sociais e religiosos são individualizados. Também a fé se individualiza. Consequentemente se personaliza a moral e há, no ambiente urbano, a busca do bem-estar e da satisfação por parte do indivíduo. Com isso as instituições sociais (Estado, família, escola e a Igreja) perderam espaço e exercem menor influência sobre o indivíduo. Esse processo influencia também o modelo paroquial. A paróquia se torna menos territorial. Seus participantes escolhem a paróquia onde participam. Logo a participação se torna mais eventual e menos comunitária. Para o indivíduo urbano é possível participar de uma paróquia sem fazer parte do ambiente comunitário.

Se entendemos que a organização paroquial está a serviço da vivência comunitária, então podemos dizer que a paróquia urbana vive um período de transição. Ela nasceu em uma sociedade rural e funciona muito bem nesse contexto. Ao se transferir para o contexto urbano ele necessita se adaptar.

Pastoralmente temos três posturas possíveis. Em um primeiro momento podemos assumir a paróquia convencional, sacramentalista. Esse é o modelo paroquial que está presente no ideal comunitário católico. Contudo se nos apegarmos a esse modelo sem um diálogo com a vida urbana corremos o risco de termos igrejas cada vez mais vazias e o que é pior, esvaziadas na capacidade de reunir as pessoas e possibilitar o encontro com Jesus.

O segundo modelo possível seria o da assimilação de todas as características urbanas. Isso já acontece. São as iniciativas de trabalho com as massas ou as iniciativas midiáticas. O indivíduo participa da missa que quer, assiste o cantor que quer, no momento que quer e escolhe o que é melhor para sua vida. Contudo essa participação é eventual. Ela acontece sem um vínculo comunitário. Se estamos falando de paróquias e de participação comunitária, então temos um problema: seria possível uma paróquia sem comunidade? Se as pessoas não têm vínculos comunitários a paróquia se transformará em organismo meramente burocrático e não possibilitará a vivência de uma fé comunitária.

Podemos contudo chegar a um meio termo. A paróquia busca ser comunidade de fiéis no contexto urbano. Para tanto vamos buscar um diálogo com a vida urbana e seus habitantes de maneira que possamos perceber as possibilidades de criação de ambientes comunitários. Essa postura pastoral, no mundo urbano, será possível se buscarmos construir um sujeito cristão e superarmos a ideia de que os participantes da paróquia são meros indivíduos que fazem uso da religião.

Construiremos esse diálogo entre a paróquia e a cidade a partir de três passos. Em um primeiro momento buscaremos entender melhor a paróquia no contexto urbano. Seria possível uma paróquia urbana ou o que temos na prática é uma paróquia em contexto urbano? Em um segundo momento traremos a importância da construção da identidade cristã. Por fim chegaremos à proposta de uma paróquia que auxilie na construção do sujeito e da identidade cristã. A vivência cristã no mundo urbano supera a adesão institucional e os processos sacramentais. Superar não significa desprezar, mas ir além. A paróquia urbana pode ser ambiente na construção de um cristão que, mais que o batismo ou a missa, busca a vivência do Evangelho de Jesus no contexto urbano e comunitário.

PARÓQUIA URBANA OU PARÓQUIA NO CONTEXTO URBANO?

Na verdade as duas situações são possíveis. Contudo, ao pensarmos na organização pastoral paroquial, precisamos ter clareza daquilo que queremos e articular estratégias para alcançarmos os resultados que almejamos. Uma paróquia em contexto urbano seria uma mera implantação das estruturas e organização paroquial no contexto urbano. Ela não muda suas estratégias de trabalho e acredita que é a cidade que se tornou menos religiosa. Se ninguém escuta aquilo que o padre fala, é porque o povo está mudado e a religião parece ter menos valor. O problema está nas pessoas e a paróquia não tem o que mudar. Essa é a postura de alguém que se lamenta muito mas pouco faz para construir uma paróquia melhor.

A paróquia urbana é a paróquia que busca dialogar com o ambiente urbano. Suas estratégias de trabalho levam em consideração as aspirações da vida urbana. Essa postura é desafiadora pois tira a paróquia e seus organismos paroquiais da zona de conforto. Esse processo de diálogo deve ser acompanhado de um planejamento pastoral e não pode ser feito à revelia. Caso contrário, a paróquia se consumirá em um ambiente totalmente alheio a ela. É preciso montar estratégias de trabalho.

Isso pode parecer muito empresarial e um tanto anticristão. Mas cabe como reflexão para nossas estratégias pastorais. Como já dissemos, no mundo empresarial há uma distinção entre eficiência e eficácia. Eficiência significa saber fazer. É eficiente um trabalho bem feito, que busca estratégias e capacitação. É eficiente um músico que busca técnica para bem tocar seu instrumento. Sendo assim é eficiente uma pastoral urbana que busca qualificar seus agentes de pastoral.

O mundo urbano não dá muito valor à boa vontade dos agentes de pastoral. Mais que boa vontade é preciso qualificação. Um catequista precisa ser bem formado para sua função pastoral. Isso engloba tanto saber os conteúdos que serão trabalhados no encontro de catequese quanto ter formação na área de didática e pedagogia. A credibilidade do agente de pastoral não é legitimada pela função pastoral que ele executa, mas pela desenvoltura que ele tem. Saber fazer, no mundo urbano, está relacionado à performance do agente de pastoral.

Já a eficácia está relacionada ao alcance de resultados. Quando traçamos nossas estratégias pastorais qual o resultado que queremos alcançar? Número de fiéis? Qualidade dos fiéis? O encontro desses fiéis com Jesus? Isso é muito particular. Mas uma pastoral deve ter claro qual é o resultado que almeja. Em alguns contextos a qualidade dos participantes é mais importante que a quantidade de fiéis. Em outros, a igreja cheia se torna o ideal a ser alcançado. Ter claro o resultado que almejamos torna o caminho mais fácil e as estratégias mais claras e definidas. Mas uma reflexão é necessária: Jesus não teve multidões consigo. Na cruz ficou praticamente sozinho. E em seu trabalho era um grupo pequeno que realmente assumiu a missão. O número pode agradar, mas se queremos pessoas que realmente busquem fazer a experiência de Jesus, é preciso que as acompanhemos de perto em um processo de catequese permanente.

Por fim o planejamento pastoral se torna parte importante para uma pastoral urbana. Planejamento significa comunidade reunida, elencando dificuldades, definindo prioridades, organizando o orçamento paroquial e os investimentos necessários para uma pastoral eficiente e eficaz. Para uma paróquia que não sabe onde quer chegar, qualquer caminho é válido e muitos caminhos não levam a lugar algum. Outras iniciativas que auxiliam no processo de planejamento são as assembleias paroquiais. Elas buscam perceber as maiores necessidades das comunidades paroquiais e apontam prioridades pastorais. Aqui vale ressaltar que assembleias não são reuniões para montar calendário de paróquias. As assembleias devem pensar prioridades e estratégias de trabalho pastoral. Vários são os mecanismos para um bom planejamento paroquial. O importante é que cada comunidade busque ocupar-se de assuntos e trabalhos que são de suma importância para um bom andamento dos trabalhos paroquiais.

EM BUSCA DA IDENTIDADE CRISTÃ

O mundo urbano é marcado pela busca de identidade. Os vários grupos, comunidades ou tribos que formam o cenário urbano querem se entender e estabelecer-se no contexto da cidade. Ao construir sua identidade, o grupo é reconhecido ou pelo menos percebido nesse cenário tão plural. Quem não tem identidade se perde no cenário urbano.

Mas o que é a identidade? Primeiramente podemos dizer que ela é aquilo que define a pessoa. Mas definir é delimitar, moldar, estabelecer algo pronto. Nossa identidade não é pronta e acabada. Ela é construída; está em construção.

A identidade é construída conforme nos relacionamos com a sociedade construindo-nos como pessoa ao mesmo tempo que construímos o ambiente onde vivemos. O indiano Homi Bhabha diz que a identidade nunca é algo pronto, mas é a construção da imagem que temos de nós mesmos que é construída no convívio com a sociedade onde estamos.

Sendo assim, como definiríamos o ser cristão? Somos cristãos à medida que convivemos na comunidade. Vamos descobrindo o que significa ser cristão na realidade onde vivemos. O cristão só é cristão na relação com a comunidade e com a sociedade. Não existe cristão de teoria. Existe aquele que busca, em seu cotidiano, ser cristão.

O cristão se constrói conforme a comunidade eclesial, e seus membros participam como sujeitos urbanos. A comunidade cristã não pode se acomodar em seus templos. Ela deve estabelecer diálogo primeiramente com o entorno de suas praças e das casas que estão ao redor. Mas sobretudo ela deve buscar estabelecer diálogo com a sociedade urbana e com seus desafios, angústias e também suas alegrias e esperanças (GS 1).

O jamaicano Stuart Hall diz que a identidade é aquilo que nos costura no mundo em que vivemos. Não somos cristãos na lua, em outro planeta nem somos cristãos na época de Jesus. Buscamos ser cristão na cidade, no bairro, na comunidade e na família onde vivemos.

A identidade cristã também é construída no diálogo entre o sujeito cristão e a comunidade eclesial e social. Não existe um cristão pré-dado. Podemos falar de um ideal cristão que é o seguimento da pessoa de Jesus. Mas como seguí-lo? A sociedade de Jesus era diferente da nossa. O cristão deve ser capaz de fazer as leituras de sua realidade histórica e perceber qual a melhor conduta a assumir ou qual o melhor caminho a seguir. O ideal cristão está definido. Mas a prática cristã é sempre um dialogar com realidades concretas e dinâmicas.

Uma pastoral paroquial urbana deve considerar essas múltiplas realidades e situações vividas na cidade. Diferentemente do mundo rural que era mais organizado e definido, o mundo urbano é caótico e dinâmico. Não basta dizer o que o cristão deve fazer. É preciso criar a consciência de uma identidade cristã para que ele próprio saiba o que fazer embasado em sua experiência comunitária e no agir de Jesus.

A identidade cristã em contexto urbano vai além da administração dos sacramentos. Nas comunidades eclesiais podemos ver inúmeros casos de pessoas – que provavelmente se constituem como maioria – que receberam os sacramentos de iniciação mas não entendem nem se preocupam com o que viria a ser uma identidade cristã. Entendemos que os sacramentos são importantes. Afinal eles possibilitam a vivência da graça de Deus na vida do cristão. Mas é preciso ir além. É preciso possibilitar ao cristão a vivência autônoma do espírito do evangelho. Entendemos que esse processo se dá pela construção do sujeito eclesial. Mais que aquele que vai às missas, o sujeito é aquele que busca viver plenamente o espírito de participação comunitária, inclusive participando dos processos catequéticos.

Aqui caberia a frase de Santo Agostinho que diz "ama e faze o que queres". Agostinho dizia que aquele que ama não pode fazer nada ruim pois é movido pelo amor. Pode haver o erro, mas não a maldade. Por isso, para Agostinho, mais que ensinar conteúdos, para ser cristão é necessário ensinar o valor de amar. Uma pessoa se torna cristã à medida que aprende a amar.

CONSTRUINDO O SUJEITO CRISTÃO E ECLESIAL

No contexto urbano é necessário, mais que nunca, transformar os membros das comunidades em sujeitos eclesiais, ou seja, eles devem ser maduros na fé e capazes de ser presença cristã na vida da cidade. Vamos aqui retomar brevemente algumas ideias que já trouxemos anteriormente. A sociologia traz três categorias ao entender a relação do ser humano com a sociedade: o indivíduo, o sujeito e o ator social. Depois vamos fazer um diálogo entre essas categorias e o Evangelho de Jesus, principalmente o que nos traz o Evangelho de Mateus. Então poderemos entender como se constitui uma pastoral e uma comunidade eclesial urbana que consiga trabalhar para a construção do sujeito eclesial.

Segundo o sociólogo Alain Touraine, o indivíduo é uma categoria de entendimento da sociedade. Quando buscamos entender a sociedade podemos fazer isso na perspectiva do indivíduo ou da sociedade. Assim, nossa visão se direciona ao ser humano que vive em sociedade ou à sociedade como conjunto de pessoas. Podemos também entender que o indivíduo não tem consciência de sua situação diante do cenário social.

Para o filósofo Lipovetsky o indivíduo acredita que se torna sujeito à medida que consome. Na sociedade atual as situações da vida giram em torno do consumo e as relações sociais também assumem contornos de consumo, inclusive a relação com a religião. Não podemos dizer que a religião é consumida, mas ela assume traços de consumo. É como se a

Igreja fosse, na cabeça dos habitantes dos centros urbanos, um grande supermercado onde eles vão para conseguirem comprar os produtos – ou as bênçãos, ou os sacramentos, ou o atendimento espiritual – e depois retornam para sua vida cotidiana não constituindo um vínculo comunitário.

Já o sujeito é aquele que traz consigo o desejo de participar ativamente da sociedade. Logo, o sujeito eclesial é aquele que quer estabelecer uma relação mais estrutural com a comunidade eclesial. Ele não se contenta em receber o sacramento. Mais que isso ele quer vivenciar os sacramentos na vida comunitária. Contudo participar ativamente pede estruturas comunitárias mais participativas. E isso constitui um ator eclesial.

Atuar nos lembra o papel dos atores de teatro ou mesmo de televisão. Eles exercem um papel nas tramas ou novelas. O ator social é aquele que exerce um papel na comunidade eclesial. Ele não é mero espectador. Ele atua nas estruturas comunitárias. Mas para que isso aconteça as paróquias e comunidades eclesiais devem fortalecer os conselhos pastorais paroquiais e comunitários, e mesmo os conselhos econômicos. Também as assembleias são importantes para pensar a vida comunitária e as prioridades pastorais das comunidades. Conforme o sujeito que tem o desejo de ser parte da comunidade e a consciência da importância da participação eclesial consegue realmente exercer essa participação, ele se torna um ator social.

Esses conceitos sociológicos podem nos parecer estranhos, mas eles são comuns, pelo menos na vivência do evangelho. O evangelista Mateus traz três estilos de pessoas que seguem Jesus. Temos a multidão, os discípulos e os apóstolos, chamados pelo evangelista de "os Doze".

Em vários momentos Mateus mostra Jesus pregando às multidões. A multidão segue Jesus mas não sabe quem ele é. Estão atrás de sinais, curas ou comida. É importante sabermos que no termo original, no grego, essa multidão é formada pelos excluídos, por aqueles que não têm espaço na sociedade.

No Sermão da Montanha Jesus se afasta das multidões e ensina aos discípulos (Mt 5,1). Também algumas parábolas, antes contada para as multidões, são explicadas para os discípulos. Os discípulos participam de maneira mais próxima da vida de Jesus. Sentam-se à mesa com ele (Mt 9,10), recebem de Jesus as explicações das parábolas (Mt 13,36) e até o poder de expulsarem demônios (Mt 10,1).

Os apóstolos, também chamados de os Doze, têm uma relação de maior proximidade com Jesus. Primeiramente eles possuem nome (cf. Mt 10,2; 13,14). Podemos entender que, ao contrário da multidão, são poucos que auxiliam Jesus na organização de sua missão. A função dos Doze está relacionada à organização de comunidades e da evangelização. Jesus prepara os Doze para a continuidade de sua missão dando a eles certa autonomia para saírem também em missão sem a presença do Mestre (cf. Mt 10,1-42). Por fim, já como os Onze, pela ausência de Judas Iscariotis, Jesus os enviará com autoridade para que anunciem o evangelho (Mt 28,16-20).

A relação de Jesus com seus discípulos e com os Doze nos mostra que a comunidade cristã deve ter a perspectiva de ir para além da assistência prestada à multidão. Também nos mostra, com o exemplo do chamado do cobrador de impostos (cf. Mt) que os discípulos ou os Doze não são um grupo de eleitos, mas um grupo de pessoas que, por se aproximarem de Jesus, se colocam a serviço.

A pastoral urbana acontece sobretudo pelo processo de valorização do protagonismo dos leigos. E esse processo não é uma invenção do mundo urbano, mas está na origem do cristianismo onde as comunidades eram organizadas nas casas. Contudo, ao longo do tempo, o trabalho pastoral se clericalizou. As comunidades eclesiais são muito dependentes de seus párocos. Podemos comparar o pároco ao maestro de uma orquestra. Ele dá dinâmica e harmonia aos instrumentistas. Mas não é o maestro que toca os instrumentos. Sua função é importantíssima, mas maestro sozinho não faz orquestra.

A função do pároco é importante no sentido que ele busca dar unidade e organização às atividades paroquiais. Mas é necessário resgatar o protagonismo laical. São os leigos que, na maioria das vezes, catequizam, visitam doentes, preparam as celebrações ou executam inúmeros trabalhos no ambiente comunitário.

No ambiente rural ou interiorano os leigos tinham importante papel. Eles administravam a vida comunitária principalmente nos ambientes onde a presença do padre era rara. Há muito de protagonismo e iniciativa leiga nesses contextos. As novenas, rezas, terços, ofícios de Nossa Senhora, procissões, dentre tantas outras celebrações que se popularizaram no interior do Brasil, são iniciativas de leigos, muito mais que de padres.

Na pastoral urbana, podemos cair na ingenuidade de acreditar que somente igreja cheia significa trabalho eficaz. É inegável que uma celebração com um grande número de pessoas agrada aqueles que a prepararam. Mas precisamos pensar no processo de inserção comunitária dessas pessoas.

A Igreja no Brasil vem refletindo nos últimos tempos sobre os processos catequéticos. Há certo consenso de que precisamos superar a catequese de sacramentalização. O vasto número de crianças que foram batizadas ou mesmo de jovens que recebem o sacramento da confirmação não significa adesão às estruturas e à participação comunitária.

Os sacramentos são importantes e fazem parte da vida do cristão. Mas eles não são a meta do processo catequético. Eles são meios, caminhos para o encontro do catequizando com a pessoa de Jesus. A catequese chama esse processo de Iniciação à Vida Cristã e entende que toda caminhada eclesial parte de Jesus e chega nele, ao mesmo tempo que acontece no ambiente eclesial.

O sujeito eclesial é aquele que, tendo encontrado a pessoa de Jesus, sente-se impelido à participação comunitária e ao encontro com os irmãos, sejam aqueles que estão dentro ou fora da comunidade eclesial. Muitas vezes nos assustamos acreditando que o sujeito deixará a comunidade. Isso acontece com o indivíduo que não tem raízes comunitárias.

PENSANDO COMO PROSSEGUIR

Agora não vamos falar de conclusões. Não temos um ponto final, algo definido e acabado. A vida não se define, ela está se desenhando, ela está se construindo. E quando falamos da evangelização na cidade, essa construção é constante. A cidade se mostra como o local do incerto, do inconstante e do fluido. As situações se transformam com rapidez. Assim o desafio é como prosseguir com criatividade.

A paróquia urbana vive um dilema. Ou ela se rende à massa e passa a se organizar a partir dos eventos que tragam cada vez um maior número de pessoas, ou ela retoma as origens da comunidade na vida cristã e passa a trabalhar o processo de inserção de cada pessoa na vida comunitária. Mas haveria um meio termo e ele está no caminho assumido pela comunidade eclesial. Os eventos são parte da vida urbana e dificilmente serão descartados. Uma paróquia pode utilizá-los como uma proposta para se aproximar das pessoas. Mas o trabalho com o evento é apenas o começo. As pessoas devem ser inseridas na vida comunitária.

Uma paróquia deve buscar conhecer a comunidade social onde ela está inserida e consequentemente dialogar com esse espaço. Cada paróquia é única no sentido de que cada comunidade tem sua própria história. Por isso mesmo as estratégias pastorais não podem ser pré-fixadas. A única ideia que assumimos previamente é a do sincero diálogo com a comunidade local.

A comunidade é o local da participação. Jesus não trabalhou sozinho mas preparou seus discípulos para continuarem seu projeto de evangelização. A comunidade dos seguidores de Jesus é chamada a anunciar o Reino a cada realidade. O diálogo consiste em entender como o Reino concretiza no chão pisado por cada sociedade.

Por fim entendemos que as pessoas devem se conhecer e serem conhecidas. A comunidade é lugar da intimidade e da construção cotidiana e familiar. Não há comunidade eclesial de anônimos. Por isso a paróquia urbana deve se ocupar de construir comunidades onde as pessoas sejam conhecidas e se conheçam. Aqui entendemos que esse processo deságua na construção de um sujeito eclesial, consciente de sua missão de batizado e impulsionado a assumir seu papel, tanto na comunidade eclesial quanto no mundo.

Se os jovens não frequentam a Igreja, por que ela não pode ir até os jovens? Conheci um padre que trabalhava em uma igreja em um centro comercial de São Paulo. Não havia muitos moradores no bairro. Mas o número de lojas era grande. Durante todo o dia muitas pessoas passavam pela igreja, às vezes só para se sentar um pouco e se esconder do sol. Outras vezes para fazer uma oração. Outras participavam das missas que acontecia na hora do almoço. Mas os jovens não entravam. Ficavam na praça conversando. O padre então começou a sair da igreja. Sentava com os jovens e conversava com eles. Qual o assunto? Aquele que os jovens quisessem. Nem precisava ser religioso.

Uma jovem começou a participar da comunidade. Pediu para entrar na catequese e foi crismada. Era o resultado de uma adesão mais consciente. E os outros? Talvez o padre tenha assumido a postura de Jesus. Passava pela vida das pessoas. Que esses outros possam ter levado algo bom do mesmo jeito que deixara algo bom a eles.

A Igreja faz seu trabalho se ministros ordenados ou leigos conseguem comunicar o fermento para que as pessoas como esses jovens se tornem, de alguma forma, melhores. E aí se colhe com certeza o fruto de uma comunidade paroquial que tenha conteúdo cristão, que está em constante saída de partilha com quem ainda não se alimenta espiritualmente dentro dela. Se espelhando em Jesus, as paróquias urbanas podem, com certeza, ser um instrumento para fazer das pessoas, pessoas melhores.

Bibliografia

Alberigo, Giuseppe (org.). *História dos concílios ecumênicos.* Tradução de José Maria de Almeida. São Paulo: Paulus, 1995.

Almeida, Antonio José de. *Paróquia, comunidades e pastoral urbana.* São Paulo: Paulinas, 2009.

Burke, Peter. *Hibridismo cultural.* Tradução de Leila Souza Mendes. São Leopoldo, RS: Editora Unisinos, 2003.

Canclini, Néstor Garcia. *Culturas híbridas:* estratégias para entrar e sair da modernidade. Tradução de Heloísa Pezza Cintrão e Ana Regina Lessa. 4 ed. São Paulo: Editora Universidade de São Paulo, 2006. (Ensaios Latino-americanos, 1)

CELAM. *Documento de Aparecida:* Texto conclusivo da V conferência geral do episcopado latino-americano e do caribe. São Paulo: Paulinas, 2007.

CNBB. *Comunidade de comunidades:* uma nova paróquia. São Paulo: Paulinas, 2014. (Documento da CNBB, 100)

_____. *Comunidade de comunidades:* uma nova paróquia. São Paulo: Paulinas, 2013. (Estudo da CNBB, 104)

Comblin, José. A paróquia, ontem, hoje e amanhã. In: _____. *Os sinais dos tempos e a evangelização.* São Paulo: Duas cidades, 1968. p. 108-117.

COMBLIN, José. *Os desafios da cidade no século XXI*. 2. ed. São Paulo: Paulus, 2003.

DENZINGER-HÜRNERMANN. *Compêndio de símbolos, definições e declarações de fé e moral*. São Paulo: Paulinas-Loyola, 2007.

FLORISTÁN, Casiano. *Para compreender la parroquia*. Estella (Navarra): Editorial Verbo Divino, 2001.

HAIGHT, Roger. *A comunidade cristã na história:* eclesiologia histórica, v. 1. Tradução de Jonas Pereira dos Santos. São Paulo: Paulinas, 2012. (Coleção Ecclesia; 21)

HALL, Stuart. *Da diáspora:* identidades e mediações culturais. Organização Liv Sovik; tradução de Adelaine La Guardia Resende. 2. Ed. Belo Horizonte: Editora UFMG, 2013.

HERVIEU-LÉGER, Danièle. *O peregrino e o convertido:* a religião em movimento. Tradução de João Batista Kreuch. Petrópolis, RJ: Vozes, 2008.

LIPOVETSKY, Gilles. *A felicidade paradoxal:* ensaio sobre a sociedade de hiperconsumo. Tradução de Maria Lúcia Machado. São Paulo: Companhia das letras, 2007.

_____. *A sociedade pós-moralista:* o crepúsculo do dever e a ética indolor dos novos tempos democráticos. Tradução de Armando Braio Ara. Barueri, SP: Manole, 2005.

_____; SERROY, Jean. *A cultura-mundo:* resposta a uma sociedade desorientada. Tradução de Maria Lúcia Machado. São Paulo: Companhia das letras, 2011.

PASSOS, João Décio; SOARES, Afonso Maria Ligório (org). *A fé na metrópole:* desafios e olhares múltiplos. São Paulo: Paulinas: EDUC, 2009.

SANTOS, Milton. *Por uma outra globalização:* do pensamento único à consciência universal. Rio de Janeiro: Record, 2013.

TORRES-LONDOÑO, Fernando (org.). *Paróquia e comunidade no Brasil:* perspectiva histórica. São Paulo: Paulus, 1997a.

TOURAINE, Alain. *Crítica da modernidade.* Tradução de Elia Ferreira Edel. 9. ed. Petrópolis, RJ: Editora Vozes, 2009.

_____. *Poderemos viver juntos?* Iguais e diferentes. Tradução de Jaime A. Clasen e Ephraim F. Alves. 2. ed. Petrópolis, RJ: Editora Vozes, 2003.

A marca FSC® é a garantia de que a madeira utilizada na fabricação do papel deste livro provém de florestas que foram gerenciadas de maneira ambientalmente correta, socialmente justa e economicamente viável.

Este livro foi composto com as famílias tipográficas Medula One e Segoe UI e impresso em papel offset 75g/m² pela **Gráfica Santuário**.